移民とAIは日本を変えるか

翁邦雄
Okina Kunio

慶應義塾大学出版会

移民とＡＩは日本を変えるか

目次

第9章　AI・移民問題についての今後の課題……179

第1章　金融政策の限界――プロローグ

筆者は、日銀出身で、金融論が専門分野である。[1] それにもかかわらず、なぜ人口問題に関心を持っているのか、というところから、話を始めたい。

1　安倍政権下の金融政策

第二次安倍政権の政策パッケージ（いわゆるアベノミクス）が起動したのは、2012年秋だった。民主党の野田佳彦総理が衆議院を解散し、総選挙に向けた選挙戦のさなか、当時野党・自民党の総裁であった安倍晋三・現首相がこの経済政策パッケージの大枠を打ち出した。

アベノミクスは、大胆な金融政策、機動的な財政政策、成長戦略の三つの要素（三本の矢）から構成されている、と説明された。

2012年11月15日の講演で、安倍・自民党総裁は、円高是正とデフレ脱却を同時に打ち出した。同年11月22日付のフィナンシャル・タイムズは「日銀を攻撃する安倍氏は、高いインフレ目標の設定と、『無制限』の緩和、円安誘導策の実施を約束している。…円はこれで、過去1カ月間で下げ幅が最も大きい主要通貨になった」と報道した。安倍総裁に限らず、当時の政・財界人にはインフレ率がきわめて低いのは日銀が金融緩和を出し惜しんでいるからだ、と考えている人は多かった。

その後、安倍総裁は、首相となり、自分と同じ考えの人を日銀執行部に起用するとして、2013年4月に黒田東彦を日銀総裁、岩田規久男を副総裁に起用し、デフレ脱却に邁進させた。

黒田総裁は「日本銀行としては、2%の物価安定目標をできるだけ早期に実現することに尽きる」と、インフレ目標達成にすべてをかける姿勢を示し、日銀がデフレ脱却に全責任を負う姿勢を明確にした。

日銀が2年以内のインフレ目標達成に全責任を負う姿勢は、総裁・副総裁就任会見（2012年3月21日）においても鮮明だった。岩田副総裁は、「2%のインフレ目標を大体いつ頃までに責任を持って達成するのかということに日本銀行がコミットすること。……2年くらいで責任を持って達成するとコミットして達成できなかった時に、『自分たちのせいではない。他の要因によるものだ』と、あまり言い訳をしないということ」と述べた。

黒田総裁も「デフレの原因を、いろいろな要素を測って研究すること自体は意味があると思うが、中央銀行としては、『いろいろな原因でデフレになっています』と言っても――先ほど、岩田副総裁も言われたように――、責任を阻却することはできない」と岩田副総裁の姿勢に同調した。また、この記者会見で、岩田副総裁は「金融政策によってデフレ予想を覆してインフレ予想に転換できるのかという点が、今までの日本銀行と私の立場とが必ずしも一致していないところ」と述べており、日銀

図１－１　消費者物価上昇率の動向

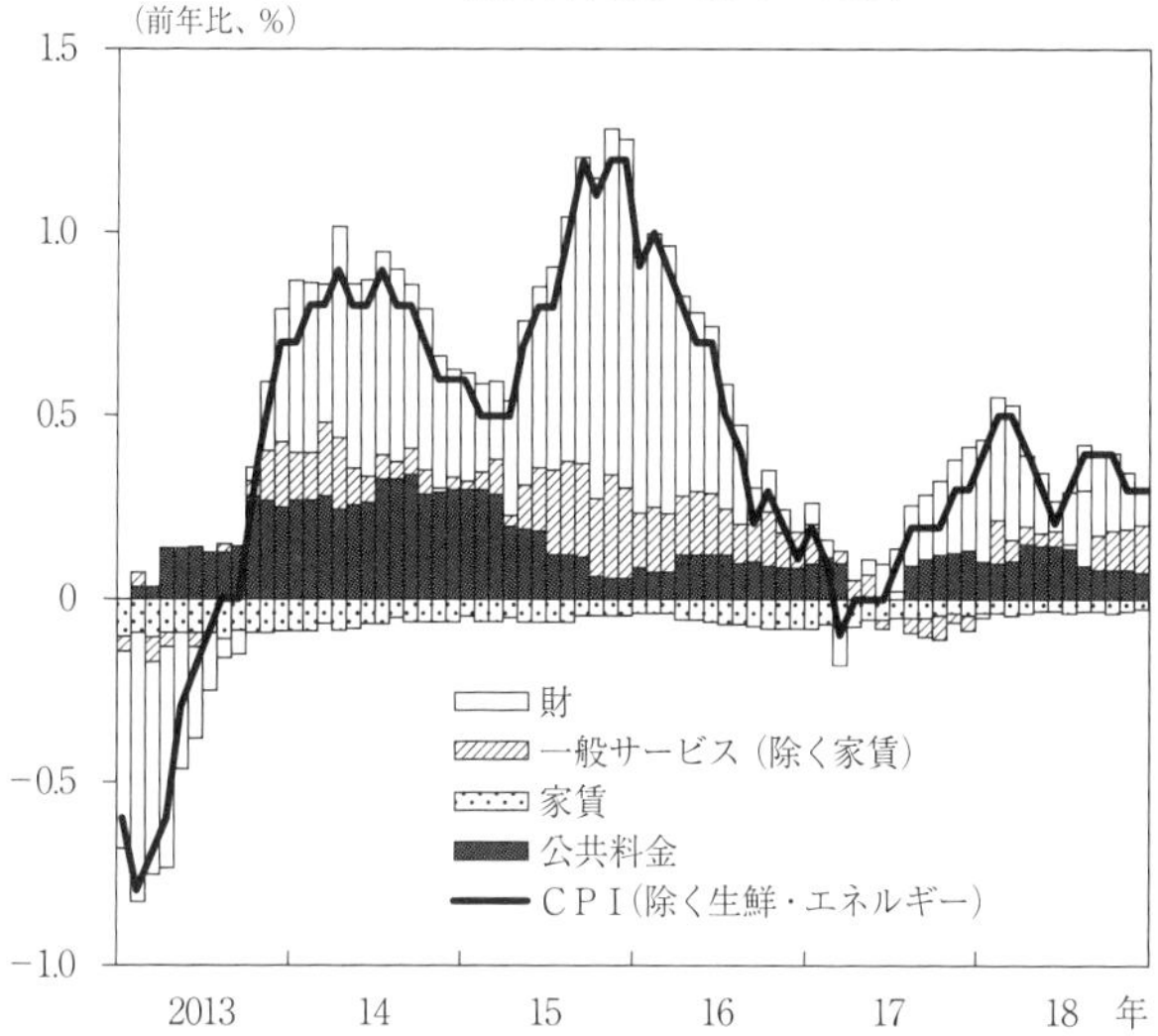

（注）１．公共料金（除くエネルギー）＝「公共サービス」＋「水道料」
　　　２．CPIは、消費税調整済み。
（出所）総務省
（出典）日銀「展望レポート2019年１月」

が期待への働きかけによってインフレ予想を高めることができることに自信を示した。

そして、ＱＱＥ（量的質的金融緩和、Quantitative and Qualitative Easing）と呼ぶ大規模な緩和が始められた。メディアは「異次元緩和」と面白おかしく囃し立てたし、政財界も全体として好意的に受け止めた。

それから７年目に入った２０１９年現在の状況は、このような出発点からは想像できないほどの挫折、というしかない。生鮮食品を除く消費者物価の前年比上昇率は、図１－１にみるように、ほぼ６年後の２０１９年１月現在で０・８％、日銀が最も重視しているコアＣＰＩからエネルギー価格の上昇

図１－２　ブレイク・イーブン・インフレ率による期待インフレ率の動向

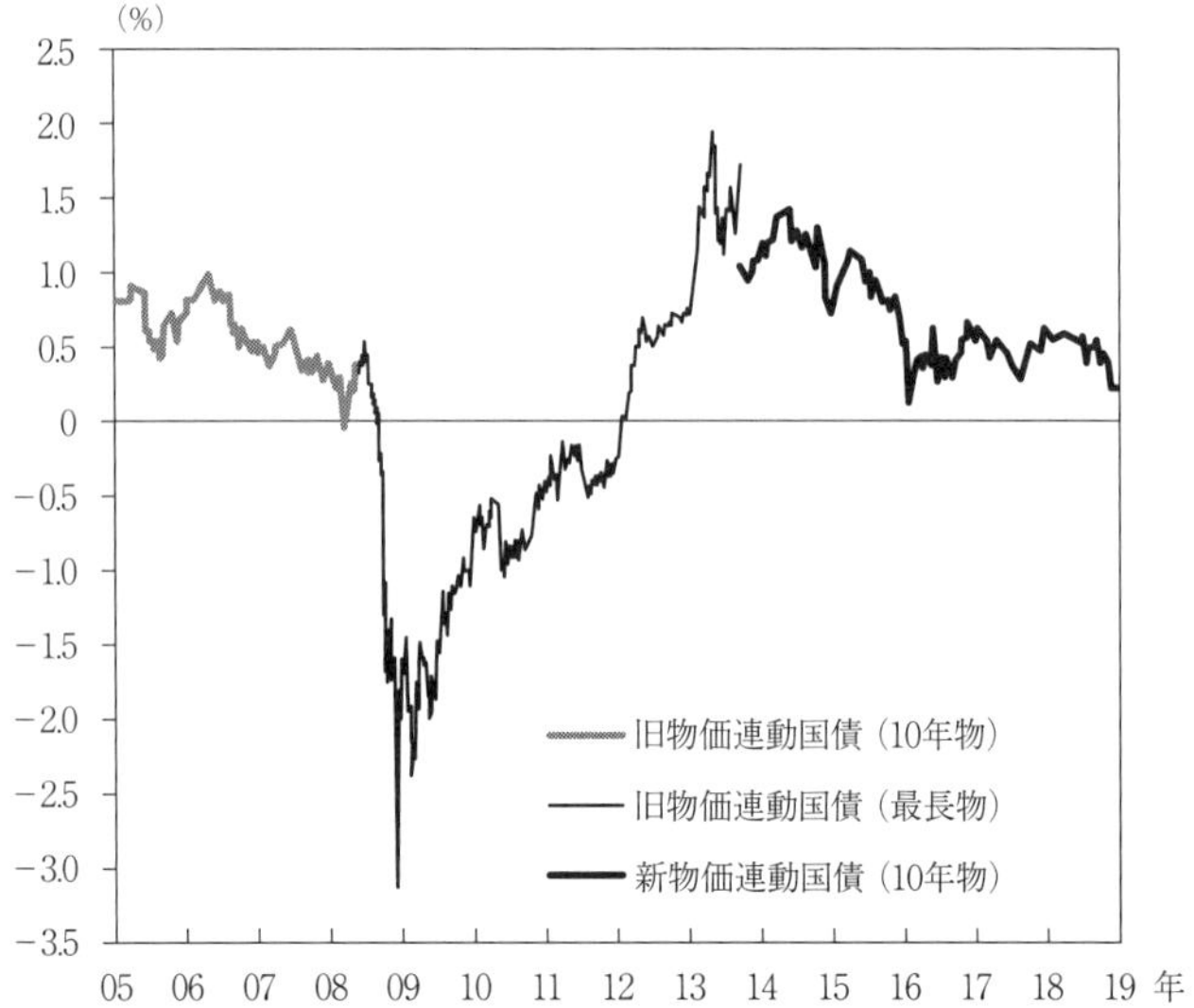

（注）固定利付国債利回り―物価連動国債利回り。物価連動国債のうち、2013/10月以降に発行されたものを新物価連動国債、それ以外を旧物価連動国債と呼称。旧物価連動国債の最長物は、16回債（2018/6月償還の銘柄）の利回りを用いて算出。
（出所）Bloomberg
（出典）日銀「展望レポート2019年１月」

も除いたコアコア指数では０・４％にすぎない。

また、インフレ期待についても、黒田総裁が就任当初からその動向に注目し言及してきた指標であるブレーク・イーブン・インフレ率は２００８年のリーマン・ショック後、白川方明総裁時代には回復を続けていたが、黒田総裁になってからは、むしろ停滞している（図１－２）。

しかし、これだけ一点突破型の目標設定を行い、かつその達成に失敗した割には、批判はあまり強くない。

第一の理由は、金融機関への悪影響や金融市場の機能低下など顕在化している副作用を体感している人は銀行員や金融市場関係者などに限られていることだ。財政規律の低下などの悪影響は、いつになるかわからない（しかし、いつかは来るはずの）金利上昇局面まで顕在化せず、国民には体感されていない。

第二の理由として、政・財界人もＱＱＥが結果につながらないことで、日銀の力だけではインフレ率は上がらない、ということを痛感したことが挙げられる。

そして第三の理由は、本格的な景気低下局面が到来していないことだ。結果として、物価目標が達成できなくても、景気がよく失業率が低ければそれでよいではないか、日銀もいい加減に意地を張り続けるのはやめて2％の物価目標最優先の旗は降ろしたらどうか、という雰囲気がむしろ強まっている。安倍内閣でも、麻生太郎副総理兼財務大臣は、２０１９年3月15日の閣議のあとの記者会見で「2％の物価目標にこだわっているのは記者と日銀であり、国民で『2％上がらなかったからけしからん』と言う人は1人もいないのではないか」と述べた、とされる。[2] 経営を圧迫され、最も異次元緩和に直接に大きな迷惑を被っている銀行界の言いぶりにも、そうした雰囲気への配慮が窺《うかが》われる。[3]

政府や自民党、そして財界が公約違反の日銀を追い詰めようとしないのは、結局のところ、景気が悪くない、人手不足だ、ということに尽きる。これまで、多少の紆余曲折はあったが、日銀にとって幸いだったのは世界景気の拡大が何とか持続し、そのフロントランナーだった米国が金融緩和の修正を進め金利を上げてきたことで円安も維持でき、日本国内の景気が拡大してきたことである。だから、政財界も「面白うて　やがて哀しき　ＱＱＥ」という状態に陥っている日銀をあえて追い詰める必要はなかった。

だが、本格的に世界景気が後退局面に向かった時には、当然、日銀に対する「期待」は再び強くなる。黒田総裁は、物価目標至上主義のもと金融緩和に限界はないことを強調してきたから、それは当然であろう。黒田日銀のレトリックの論理的帰結は、たとえ実際には効果より副作用のほうが大きくても「追加緩和」を追求し続けることにならざるを得ないはずだ(4)。

2　人手不足の主因はなにか

しかし、現在の人手不足はQQEを含むアベノミクスのおかげとはいえない。人手不足の背景には、より大きな日本の構造問題がある。とりわけ人口減少・高齢化の影響は大きい。アベノミクスとどちらが重要なのだろうか。

再び、日銀の展望レポートの図をみよう(図1-3)。リーマン・ショックで有効求人倍率が急低下し、失業率が急上昇した後、有効求人倍率(求職者1人あたり何件の求人があるかを示す指標)はほぼ一定の率で上昇を続け、失業率はほぼ一定の率で低下しているのがわかる。

日本経済についての知識がまったくない統計学者や経済学者にこの図をみせて、「リーマン・ショック後、アベノミクス(ないしQQE)という景気刺激策がとられた。この政策がいつ効果を発揮し

図１－３　失業率・有効求人倍率の推移

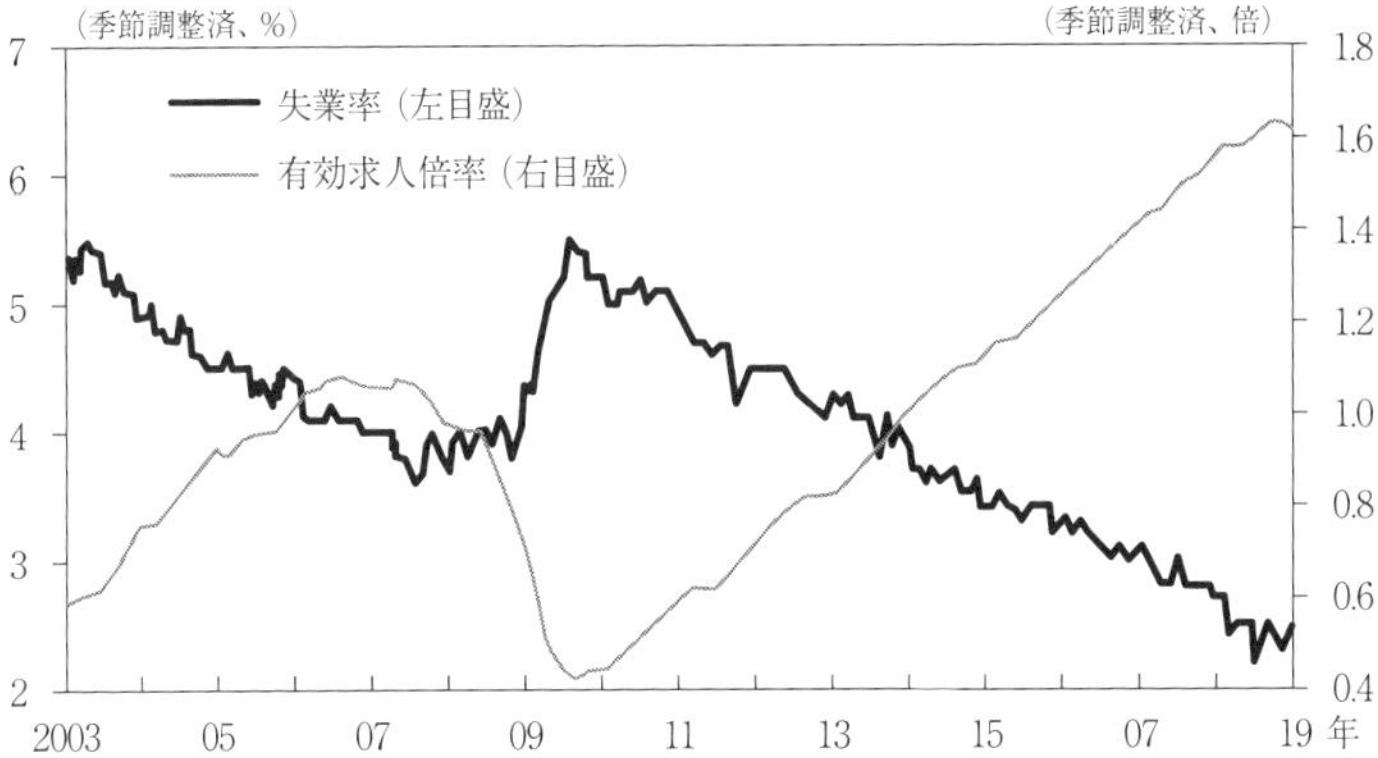

（出所）総務省、厚生労働省
（出典）日銀「展望レポート2019年１月」

始めたか推測せよ」という問題を出せば、彼／彼女は、途方に暮れるだろう。図では、金融政策を含む経済政策の効果をうかがわせる屈折点がまったく観測されないからである。失業率の低下・有効求人倍率の上昇トレンドの背景にあるのは、やはり構造的な生産年齢人口の減少と考えるのが自然だ。ここに、いま筆者が人口問題に関心を寄せている大きな理由の一つがある。

3　日本の長期停滞？

ただし、物価が上がりにくいのは、日本だけで起きている現象ではない。程度の差こそあれ、先進国ではほぼ共通にみられる現象だ。

これと関連して先進国のいわゆる「長期停滞」についてもさまざまな議論が展開されてきている(5)。全体として金融政策が万能薬である、といった考え方は大きく後退している。

その中で、日本の特異性として取り上げられることが多いのは、やはり生産年齢人口の減少である。かつて日銀による「信じるに足るだけの無責任な約束（"credibly promise to be irresponsible"）」の必要性を主張し、日銀の金融政策批判の急先鋒であったノーベル経済学賞受賞者のポール・クルーグマンも、２０１５年10月には、人口問題に軸足を置き換える大きな主張の転換を行った。（「日本再考（Rethinking Japan）」である。(6)

その中で、クルーグマンは、前述の「信じるに足るだけの無責任な政策」提案を含む１９９８年の論文(7)で展開した議論をいまならどう見直すか、という議論を展開した。そして、98年当時の日本は「失われた10年」の真っただ中にあり、長期にわたって停滞を続けていることから、潜在生産量をはるかに下回る生産水準であると信じるに足る理由があると思えたとしたうえで、しかしいまやその見方は正しくない、とした。

その理由は、日本ではこの四半世紀、低い成長率が続いているが、その多くが人口要因によるからだ。生産年齢人口１人あたりの産出量は、２０００年頃から米国よりも高い成長率になっており、２０１５年時点ではこの25年の日米の生産年齢人口１人あたりの成長率はほぼ同じだ。そして、日本のパフォーマンスは欧州より高く、米国よりも潜在産出量に近い産出量水準であると論じることさえ十分可能だ、と論じた。

そしてクルーグマンは、労働力の中核を占める15―64歳人口の日本における推移を示し、日本の人口動態の将来はきわめて厳しい、と述べ、そして彼は、この人口動態に照らし、日本が長期停滞の有

図１－４　日本の15～64歳人口総数の推移

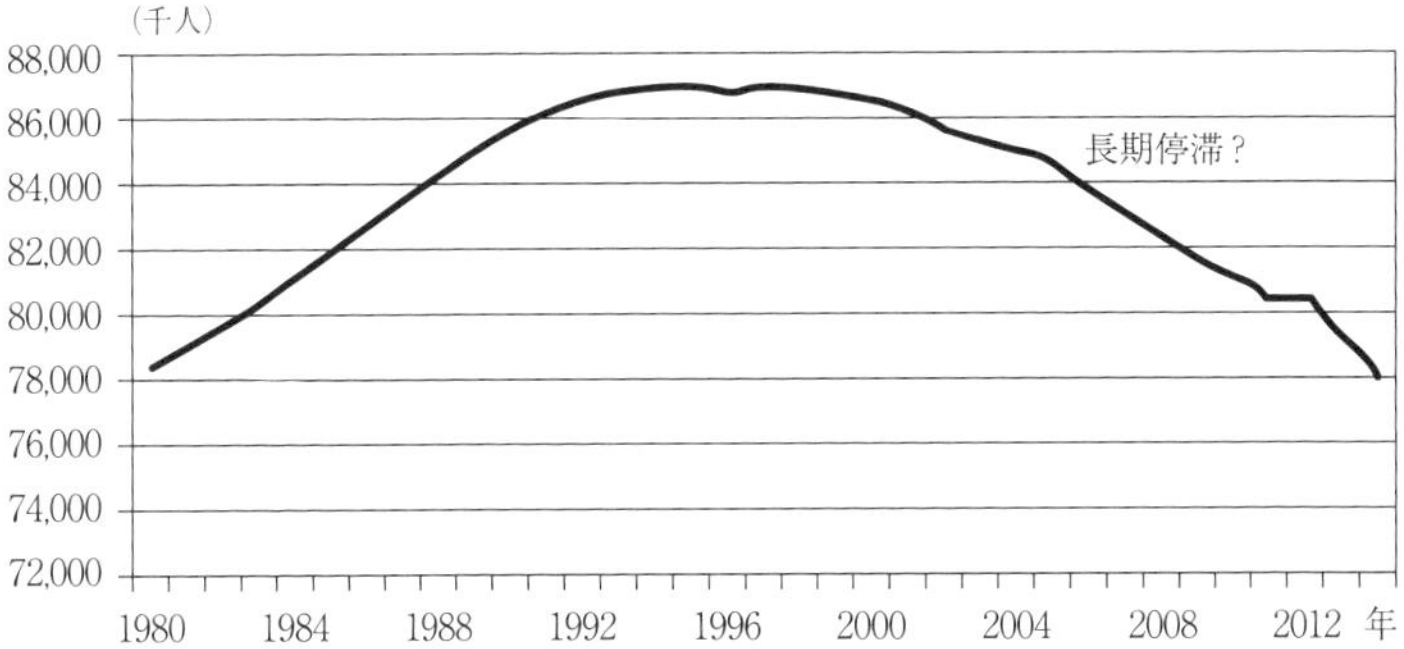

（出典）Krugman（2015）

力候補であることに触れている（図１－４）。

日本では利子率が20年間にわたってきわめて低い水準であり、この間、財政赤字は高水準でありながら、経済は過熱する兆候をみせなかったことを心にとどめておく必要がある、とする。日本は自然利子率がマイナスである状態（金利からインフレ率を引いた実質金利がマイナスでないかぎり、インフレになるほど景気が過熱しない状態）が多かれ少なかれ、恒常的な状態だろう、というのである。そして、もしそれが現実であれば、中央銀行が「無責任であることを信じられるように約束する」ことさえ、意味がないかもしれない、と述べる。誰もインフレ率が上昇することを信じなければ、インフレ率は上昇しないからだ。

以上のように日本の金融政策は限界に直面してきた。その中で、海外の経済学者だけが喜ぶような、さらにより異端で副作用とリスクを一段と大きくするマクロ経済政策的実験を追求する前に、日本の構造問題、とりわけ人口問題についてもう一度考えてみる必要がある。それが、本書の主題である。

【第1章注および参考文献】

（1） 本書では、日本の金融政策についてはこの章以外では取り上げない。日本の金融政策については、毎年のように刺激的な本が出されている。いくつか主要なものを挙げれば、岩村充『中央銀行がおわる日』新潮社、2016年、早川英男『金融政策の「誤解」』慶応義塾大学出版会、2016年、白川方明『中央銀行』東洋経済新報社、2018年など。筆者自身の理解をまとめたものとしては、翁邦雄『金利と経済』ダイヤモンド社、2017年がある。

（2） NHKビジネスニュース2019年3月15日 https://www3.nhk.or.jp/news/html/20190315/k10011849071000.html

（3） 全国銀行協会の藤原弘治会長（みずほ銀行頭取）は2019年2月14日の定例記者会見で「日本銀行のマイナス金利政策が導入されてから間もなく3年経つが、日銀の金融政策に対する要望があればうかがいたい」という質問に対し、

・6年にもわたる異次元の金融緩和でも、2%の当初目標は達成が展望できていない。

・しかし、日本経済自体は底堅く、景気回復期間は今年1月で戦後最長になった。

・物価目標はあくまで手段であって目的ではない。物価の安定を図ることを通じて持続的な経済成長を実現する、というのが金融政策の理念だ。

・景気拡大が続いている現在の状況をできる限り長期にわたって持続可能なものにしていくための政策運営という視点をより重視する必要がある。

と述べ、そのあとで金融機関にとって頭痛の種であるマイナス金利政策の長期化等に伴う副作用についての見解を展開している（本書の関心は金融緩和の副作用ではないので、ここではその部分は省略する）。

（4） 2019年3月現在で日銀が追加緩和策として採用できる政策はきわめて限られる。その中で、全体としては、マイナス

金利のマイナス幅をさらに大きくするマイナス金利深掘り、日銀がＥＴＦ買入れ量を増やすＥＴＦ買い増しなどを現実的なオプションとして挙げる人が多い。今後、日銀が追加緩和を考える際、意識すべき点は、採用する政策の効果とリスク、中央銀行としての矩を超えるか／超えないか、という点の兼ね合いだろう。

本気でマクロ経済政策で景気悪化に対処しようとすると、財政政策が全面に出て日銀がファイナンスするしかない。ただし、日銀は事実上すでに大規模な財政ファイナンスを実施しており、ここでも実は、新たに貢献できることはほとんどない。もしそこになにがしか実効性を求めるなら、「日銀は、物価安定目標達成のため、異例の措置ではあるが、財政ファイナンスに全面的に協力することとした」といった、ヘリコプターマネー（中央銀行ファイナンスによる財政資金散布）への協力に明示的に踏み込むメッセージを出して期待に働きかける、といった手段が考えられる。これは、きわめて危険な実験と言えるが、他方で、日銀が直接、財政政策を行っているわけではないので、流動性供給という意味では日銀の矩を超えていない、とも言える。

他方、日銀が単独でできる政策としては、マイナス金利貸出（日銀が銀行にマイナス金利でお金を貸す、という銀行の貸出支援を名目とした補助金政策）がある。これは、実効性がそれほど大きいとは思えず、その分、危険性も小さい。日銀が単独で実行できる、という意味では、一見、日銀の独立性に沿った追加緩和に見える。しかし、これは（銀行にとっては有難迷惑でも）あからさまな補助金であり、実態は財政政策そのものと言える。その意味で、こちらのほうは、本来、中央銀行が守るべき矩を超えている（これまでも超えているから、程度の問題ではあるが）。この点で、欧州中央銀行のような超国家機関のマイナス金利貸出と本質的に政府の子会社である日銀のマイナス金利貸出では意味合いが大きく異なる。

（５）　長期停滞論を取り上げた平易な解説書としては、福田慎一『21世紀の長期停滞論』平凡社新書、２０１８年を参照。宮川勉『生産性とは何か』ちくま新書、２０１８年も供給サイドから長期停滞の問題を取り上げている。

（６）　Krugman, Paul R.（2015）"Rethinking Japan."

（７）　Krugman, Paul R.（1998）"It's Baaack: Japan's Slump and the Return of the Liquidity Trap." *Brookings Papers on Economic Activity*, Economic Studies Program, The Brookings Institution, vol. 29(2), pp. 137-206.

第2章　人口ペシミズムと将来人口推計の確実性

クルーグマンは日本の人口動態の深刻さを踏まえ、日本経済に非常に悲観的な展望を示している。しかし、この悲観的展望はどの程度確からしいのか、この章ではその点を検討しよう。

1　社人研による人口の将来展望

前章で引用したクルーグマンの論文の中の図は1980年以降、2012年までの実績を示している（図1－4）。では、将来はどうなるのか。日本の総人口および生産年齢人口の今後約50年間の長期推移予想を国立社会保障・人口問題研究所（以下、社人研）の中位推計でみよう（図2－1）。

これによると、老年人口は今後も緩やかに増加した後、おおむね横ばいになるが、生産年齢人口は急テンポで減少し続ける。その結果、将来の人口ピラミッドは、エリンギ型ないし聖火台型とでもいうような形になることが予想されている。近年になって、社人研の人口推計に基づく「将来の人口ピラミッド」はいろいろなところで目にするようになった。

図２－１　社人研の年齢階層別・人口予想

—出生中位（死亡中位）推計—

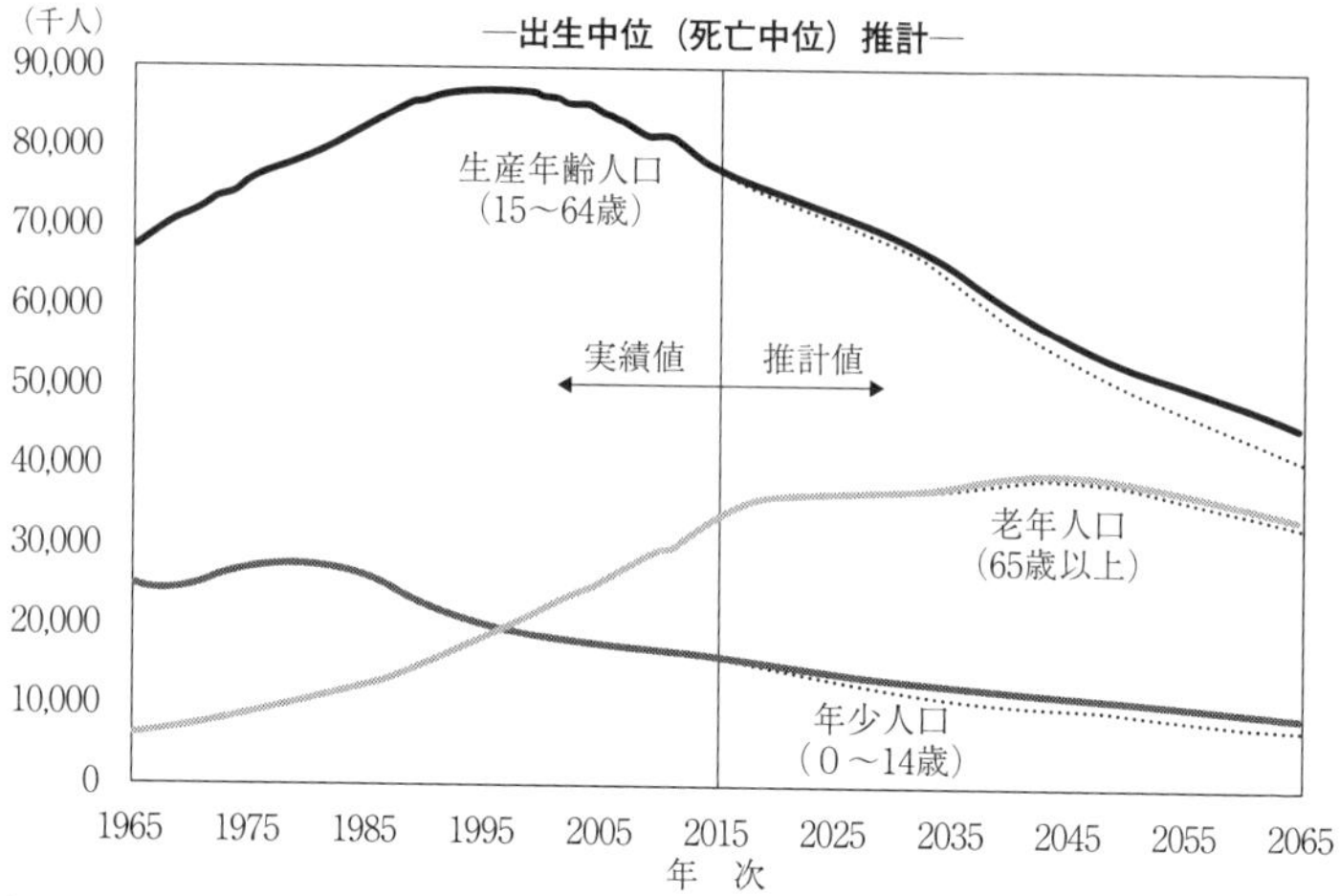

（注）破線は前回中位推計。
（出所）社人研「日本の将来推計人口」平成29年推計

図２－２はその一つで、２０１７年に行われた将来人口推計作業に基づき、今から約四半世紀後の２０４５年の日本の人口構成がどうなっているかを男女別・年齢別に示した標準シナリオ（中位推計）の結果である。

男女とも２０４５年における人口の中核は、団塊の世代の子供である「団塊ジュニア」世代になっている。70歳前後の彼らの多くがこの時点で引退してしまっている、とすると、先細りの生産年齢人口層が「団塊ジュニア」世代の高齢者たちを支えなければならない、という構図になっている。

高齢者を支える生産年齢人口は相対的に少ない。地方の衰退はすでに目に見えるかたちで進んでおり、それに警鐘を鳴らし、ベストセラーになる本も現れた[1]。今後の日本社会は、すでに高齢化が進んでいる地方の衰退がいずれ徐々に

図２－２　社人研・将来人口予想（中位推計）による2045年の人口ピラミッド

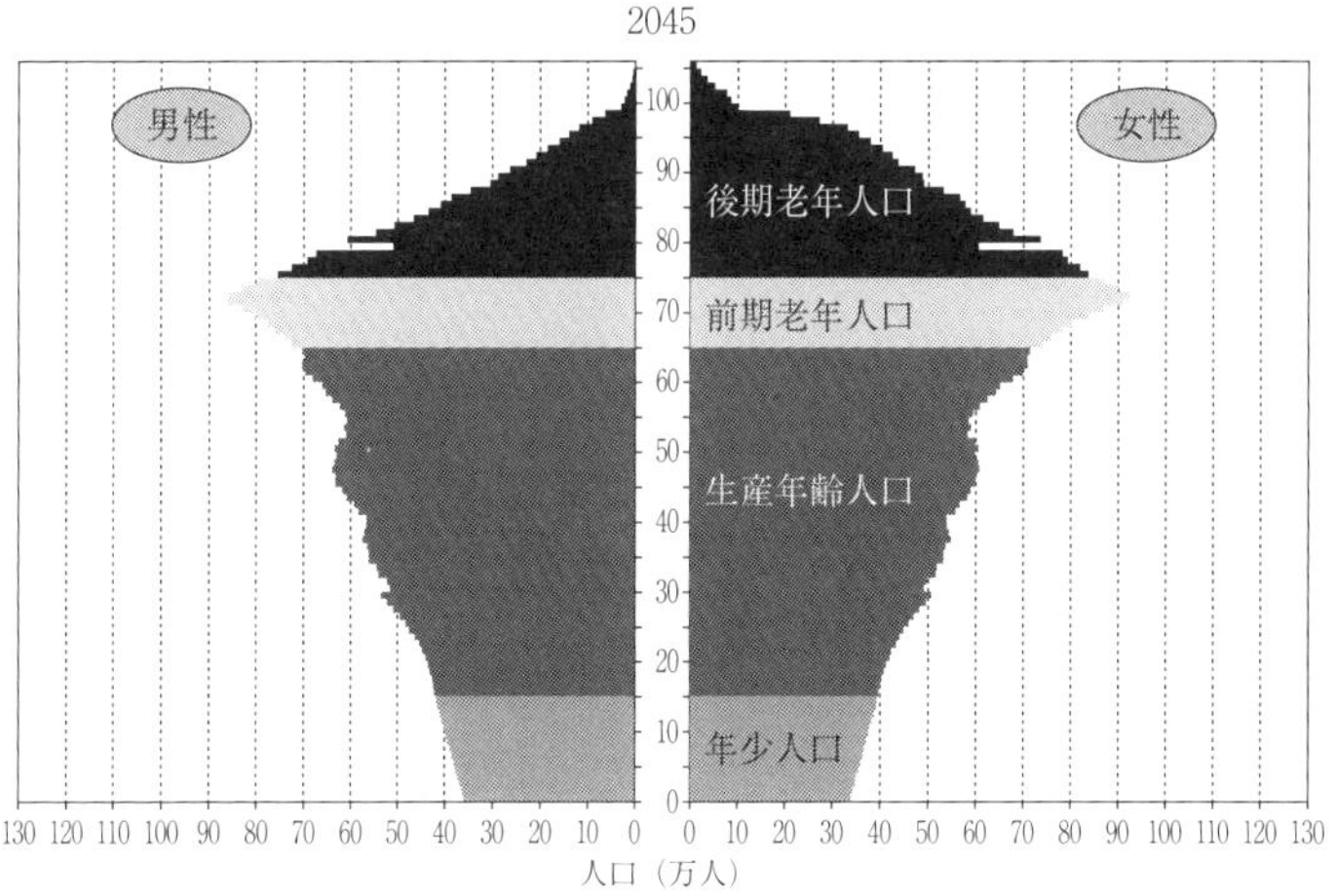

（資料）「日本の将来推計人口（平成29年推計）」（出生中位（死亡中位）推計）。
（出所）国立社会保障・人口問題研究所

大都市圏にも波及する。国内市場の縮小から大企業は海外の消費地近くに製造拠点を移転し、海外に移転する力のない企業は立ち枯れて、日本の社会経済は立ち行かなくなるのではないか。「人口ペシミズム」は、人口予想を背景にした、日本の将来像への悲観的展望ないし不安心理ということになろう。

２　人口ペシミズムへの異論①
――人口減少はチャンス

三つの異論

「人口ペシミズム」は正しいのだろうか。

検討するに足る異論は少なくとも三つある。

第一の異論は、人口構造の変化を厄災と受け止めるべきではなく、日本にとってのチャンスにすべきだ、という見解である。

第二の異論は、日本における人口減少は確定的未来ではなく、日本国民による選択の余地が大きい、という見解である。

第三の異論は、急速に進化を続けている人工知能（以下ＡＩ）が今後も飛躍的に進化を遂げ、労働がＡＩによって代替されていくことを展望すると、懸念すべきは人手不足ではなく大失業が発生する可能性のほうだ、という見解である。本章では主に第一および第二の異論について説明し、第三の異論についてはのちに第7章で検討する。

第一の異論：人口減少はチャンス

第一の異論――人口減少は悲観すべきことではなく、チャンスと捉えるべきだ――という考え方を牽引してきた代表的な論客は吉川洋・立正大学学長だろう。

ベストセラーになった『人口と日本経済』（中公新書、２０１６年）のカバーの折り返しには、「人口減少が進み働き手が減っていく日本。財政赤字は拡大の一途をたどり、地方は消滅の危機にある。もはや衰退は不可避ではないか――。そんな思い込みに対し、長く人口問題と格闘してきた経済学は『否』と答える。経済成長の鍵を握るのはイノベーションであり、日本が世界経済有数の長寿国であることこそチャンスなのだ。人口減少ペシミズムを排し、日本経済の本当の課題に迫る」と力強く書かれている。

吉川学長の考え方がより端的に示されているのは、同氏の２０１４年1月30日における「選択する未来」委員会第１回会合での発言[2]である。

その中で、同氏は「高齢化こそが大きな環境変化だと思う。これで私は世の中すべてが全とっかえになると思っている。またならなければならない、必ずなると思っている。すべてという意味は、建物、交通手段、自動車、公共の交通、流通、都市のあり方、もちろん医療のシステム、ありとあらゆるものが全とっかえになって、それこそがイノベーションの種ということだと思う。イノベーションというのは必要がなければ必ずしも変わらなくていいということになるわけだが、昔から『必要は発明の母』という言葉があるが、まさにそのとおりで、高齢化によってすべてが変わる」と述べている。

筆者も、吉川学長同様に、日本は高齢化をむしろチャンスにすべきだ、と考えている。高齢化に伴う本人・家族の生活の質の低下を防ぐことには、さまざまな潜在需要がある。筆者がしばしば挙げる例は認知症対策であるが、近年注目されている研究分野として、福祉工学も挙げられる[3]。日本の高齢化をイノベーションにつなげることが望ましいことは間違いない[4]。

ただ、この点は以前、やや詳しく論じたことがあるうえ[5]、主に人口減少ではなく高齢者比率の増大にかかわる。そこで、ここでは、以上の手短な紹介にとどめたい。本書の主たる関心である第二の異論、第三の異論に向けて検討を進めよう。

3　人口ペシミズムへの異論②――日本の人口減少は確定的未来ではない？

人口ペシミズムへの第二の異論は、やや無理筋にみえる。

マクロ経済学の礎を築いたジョン・メイナード・ケインズは、１９３７年に公刊した人口問題についての論文[6]の中で「われわれが未来について現実にかなりの程度、予想する力を持ち得る場合の最も顕著な例は、人口趨勢の予測である」と述べているからだ。

日本でも、この問題に関心を持つ人たちの大多数は、かつてケインズが考えていたように、将来の日本の人口構造はほぼ確実にこの推計に近い姿になる、と考えているだろう。人口が減少する中で高齢者比率が高まる、という四半世紀後の日本の聖火台型の人口構造予測は、それを人口減少ペシミズムと呼ぶかどうかは別として、上記のように企業の慎重な国内需要見通しにつながり、慎重な投資態度をもたらす。

しかし、本当にこのような姿になるのだろうか。この点を考えるうえでは、一国の人口がどういうメカニズムで決まっているのかに立ち返って検証してみる必要がある。

人口増減は何によって決まるのか

日本が高度成長期だった１９６０年代の前半、東京オリンピック直前まで放映されていたアメリカのテレビドラマに「ベン・ケーシー」がある。若き脳神経外科医の苦悩と成長を描いたこのドラマの最高視聴率は50%を記録し、空前絶後の大ヒットだった。とりわけ印象的だったのは、そのオープニングである。「♂♀＊†∞」という記号が黒板にチョークで書かれ、「男、女、誕生、死亡、そして無限」というナレーションがこの映像にかぶせられる。

この「ベン・ケーシー」のナレーションは、最もシンプルなかたちでの人口増減のダイナミクスを示している。同数の男と女が生まれ、結婚して２人子供をつくり、いずれ親は死んで、子供たちが結婚し、２人子供をつくって死んでいく。それが繰り返されれば、その世界は、ベン・ケーシーのオープニングどおり「男、女、誕生、死亡、そして無限」という循環の中で人口は一定に保たれる。もし、親が平均して２人をかなり上回る子供を産み、その子たちが無事に育ってやはり２人をかなり上回る子供を産み育てれば人口は増え、その逆になれば人口は減る。

このように、人口は第一義的には、人が死んだり、生まれたりすることにより決まる。このように、生まれた人・亡くなった人の差による人口増減を自然動態と呼ぶ。

社会動態（国境を越えた人の出入り）も総人口を左右する

地球全体としては、これでよい。しかし、日本や米国、ＥＵといった一つの国・地域で考えると、他の国からの人の出入りも重要な要因になる。

他国からの入国が他国への出国を上回ると、その国の人口は増える。逆に、他国からの入国が他国への出国を下回ると、その国の人口は減少する。こうした人の出入りによる人口増減を社会動態と呼ぶ。

ある国の・ある時点の人口を「基準人口」としよう。すると、その国のその後（たとえば、２０４５年）の総人口は、基準人口に、その後の自然増減と社会増減を加えたもので決まる。つまり、

２０４５年の総人口＝現在（基準時）の総人口
＋２０４５年までの自然増減
＋２０４５年までの社会増減

ということになる。

これが将来人口推計の大前提になり、人口予想は自然増減の予想と社会増減の予想に分解できる。自然動態を左右する要因は「ベン・ケーシー」の冒頭にあるように、誕生と死亡である。だから、出生率と死亡率をどう予想するかが重要になる。ただし、死亡率は長期的には１００％だから、高齢化の問題をひとまず棚上げにして、長期的な人口増減のみに着目すれば、出生率の想定がとりわけ重要になる。

他方、社会増減のほうは入国者数から出国者数をひいたもの、ということになる。日本の場合、外国人の入国超過数が特に重要になる。

図２－３　合計特殊出生率の推移：実績値と想定値

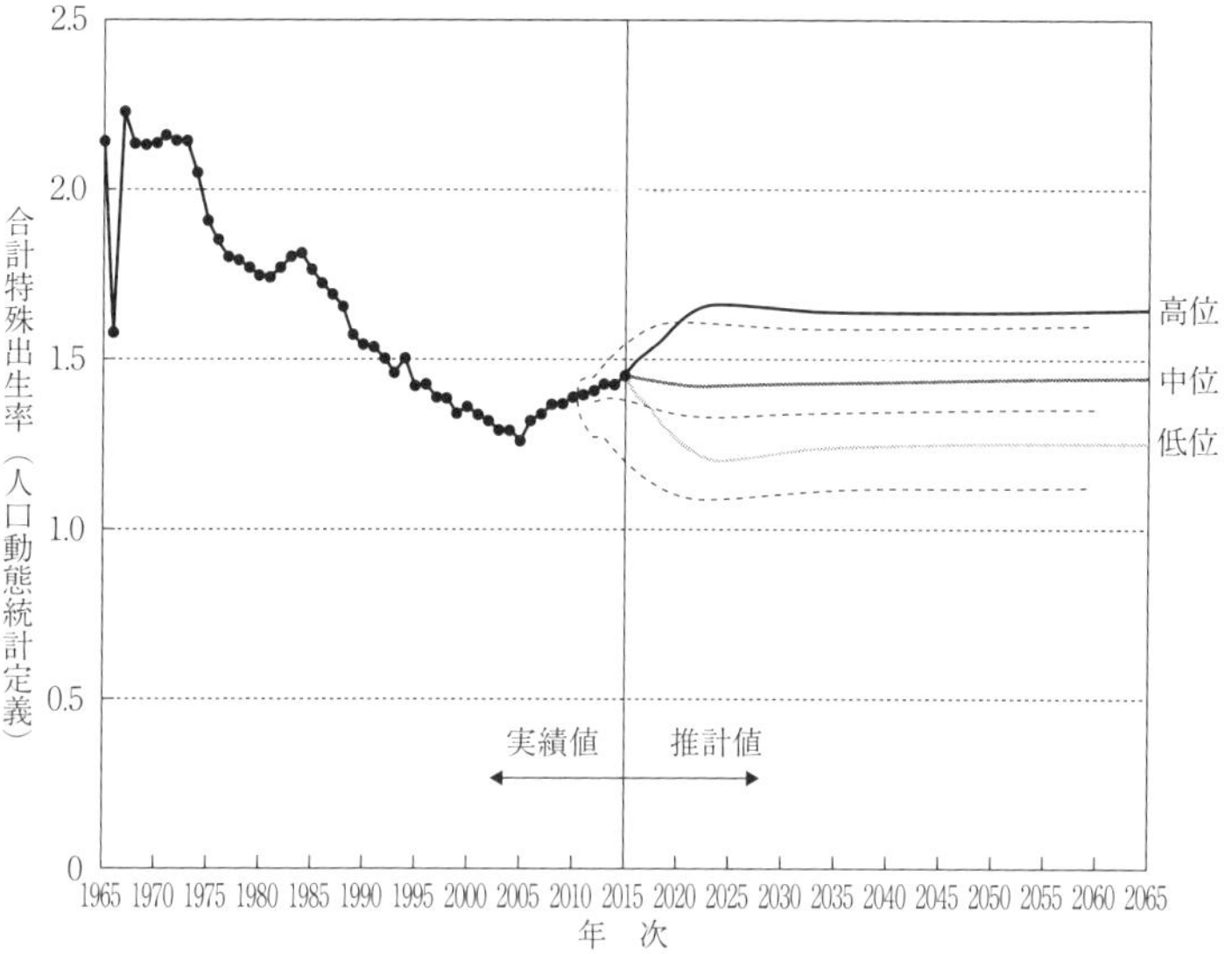

（注）破線は前回推計。
（出所）社人研「平成29年将来人口推計に関する社会保障審議会人口部会説明資料」

社人研の将来人口推計はどの程度確からしいのか——出生率の想定

これらの点を確認したうえで、先ほどみた社人研の将来人口推計の出生率、外国人入国超過数の想定はどうなっているのか、を順次みてみたい。

まず出生率（合計特殊出生率(7)の中位推計値）は推計時の実績水準でほぼ横ばいの1・4程度と想定されている（図２－３）。

この想定値を見たときの大方の第一印象は、現時点の日本国民の実感にあった穏当なもの、ということではないだろうか。

しかし、もう少し歴史をさかのぼると、第二次世界大戦直後の日本は、外地

図２－４　出生率の実績と社人研想定値の歴史的推移

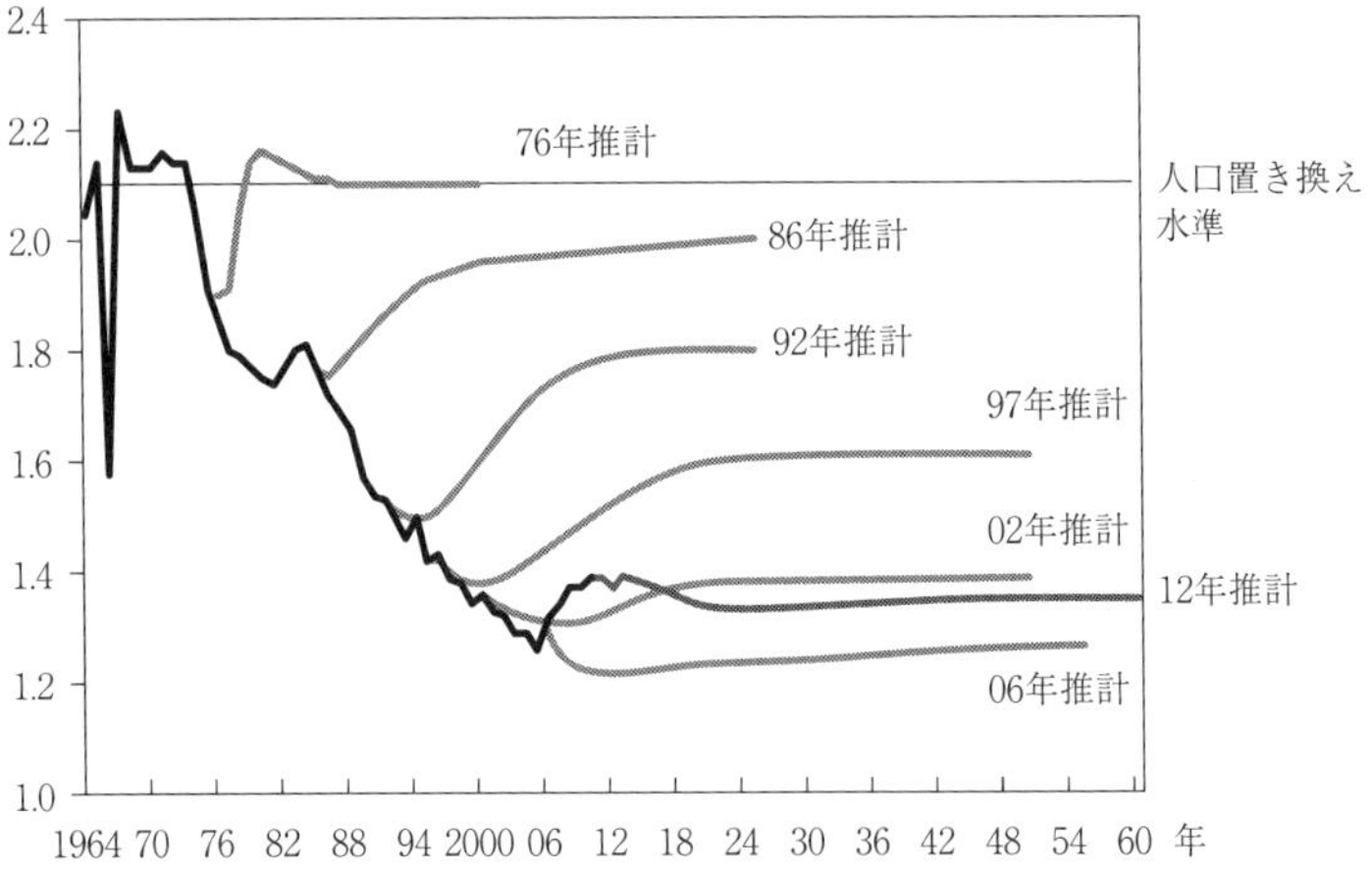

（出所）白川方明・日銀前総裁講演2012年５月30日による。

からの大量の引揚者で人口が増え、さらに４・０を超えるきわめて高い出生率のもとでのベビーブームが加わったため深刻な食糧不足が懸念され、出生率を政策的に必死に引き下げ、飢餓を回避しようとしていた。

その後、社人研の出生率の想定は、長い間――正確には１９７６年推計からおおむね20年間は――トレンドに沿って低下する出生率が、２近傍にリバウンドするという想定が置かれ、実績がこれを大幅に下回ってトレンド的な低下を続ける、という事態が繰り返されてきた（図２－４）。

昔の担当者にとっては２・０を下回る出生率の下方トレンドを延長するような――以前の食糧事情に照らすと楽観的な――出生率想定を置くことには躊躇があったかもしれない。

いずれにせよ、やや長い目でみると、出生率はきわめて大きく変動しており、横ばいが現実的とは必ずしも言えない。これまでのトレンドからすれば、むしろ、また下がってもおかしくなく、政策的に引き上げることが望ましい。

むろん、出生率を上げるのは簡単でない。また、仮に引き上げることができても生産年齢人口への影響という観点からみると、その効果が実感できるのはかなり遠い将来のことになる。だから、日本再生の「即効薬」ではない。しかしいまの出生率が続くとき、早晩――そう三十八世紀とか三十九世紀には――「日本人」は地上から消滅する。その前に、いろいろな社会インフラに支障をきたすだろう。その意味で、日本の社会・経済にとって早急に取り組むべき問題である。

ただし、出生率を人口置き換え水準の２・０強まで引き上げるべきだ、という主張に対しては異論もある。子供を持つかどうかは、あくまで個人の選択であり、その選択の結果として出生率が低下し、日本が静かに衰退するのであればそれを容認すべきだ、という意見も多い。

たしかに、子供を持つかどうかについての個人の選択は尊重されるべきだ。しかし、個人の選択は、社会環境と政策に大きく影響される。すでに触れたように、戦争直後、日本の出生率はきわめて高かったが、食糧難・住宅難の中で、人工中絶の合法化をはじめ、人口を抑制する方向の政策的な強い働きかけのもとで、出生率は急速に低下していった。他方で、フランスやスウェーデンなど、先進国でも人口置き換え水準に近い出生率への復帰に政策的に成功している国もある。

出生率引き上げに成功した国の事例をみても、必要な政策は、出産することを社会が強制するような政策ではない。成功のカギは、いかに子供を産みやすい環境を整えられるか、子供を産んだ人が働きながら子供を育てやすい社会環境を作れるか、子供を持つインセンティブを高められるか、ということになる。さらに、婚外子の少ない日本では、結婚しやすい社会環境づくりもきわめて重要である。

むろん、雇用主である企業にとって子育てしやすい環境を用意することは負担の増加につながる。しかし、狭い意味での生産性や効率性を追求するためにマタニティ・ハラスメントなど子供が育てにくい企業や慣習が存在することは、出産・育児を迫害することでその国に弊害をもたらしている。社会への悪影響を是正するために企業がコストを負担すべきなのは可視性の高い環境汚染等だけではない。出産・育児への妨害行為も公害同様に排除されるべきだ。

出生率が政策の影響を受けて変化する以上、政策を操作して出生率を人口置き換え水準近傍に保つのは政府の長期的責任だ。実際、第二次大戦後、日本政府は政策的に出生率を強く抑え込む政策を採ってきた。かつての判断はそれなりに切実な理由があるものだった。しかし、現時点では人口減少を食い止めるために出生率上昇の方向へ大きく舵をきることが日本政府の義務のはずである。人口置き換え水準を大きく割り込み続けている、という現実は、国の存続を困難にするようなかたちで出産・育児を過度に抑制する歪んだ社会構造を容認する政策が、長期にわたって維持されているということにほかならない。

ただ、出生率の問題は、以前にやや詳しく論じたことがあるので[8]、本書ではこの議論にこれ以上は深入りしない。

4　社人研の将来人口推計における社会増減の想定

カギ握る外国人入国超過数

実際、2017年の社人研の将来人口推計に近いかたちで2045年が訪れるかどうか、という点で、より大きなカギを握るのは社会増減、すなわち、外国人入国超過数の想定のほうにある。

入国超過数の想定について議論する前に、まず、社人研の「外国人」の定義を確認しておこう。というのは、近年は、外国人旅行者が急激に増えているので、人口として数えている「外国人」にはどのような人が含まれているのか、は重要であるからだ。

社人研の将来推計における「外国人」は短期の観光客を含んでいない。その定義は国勢調査と平仄《ひょうそく》を合わせて「日本国内に常住する外国人」とされている(9)。国勢調査で「常住」とは、調査時の住居に3カ月以上にわたって住んでいるか、または住むことになっていることをいう(10)。

社人研の将来人口推計における外国人入国超過数想定は、図2－5のようになっている。まず、推計時点で実績が判明していなかった2016年について男子3万3651人、女子3万5126人の合計6万8777人と置く。

ここを出発点に、20年後の2035年について男子3万3894人、女子3万5380人の合計6万9274人という仮定値が置かれている。毎年、25人程度、20年間で497人しか外国人入国超過

図２－５　社人研の外国人入国超過数の推移：実績値と想定値

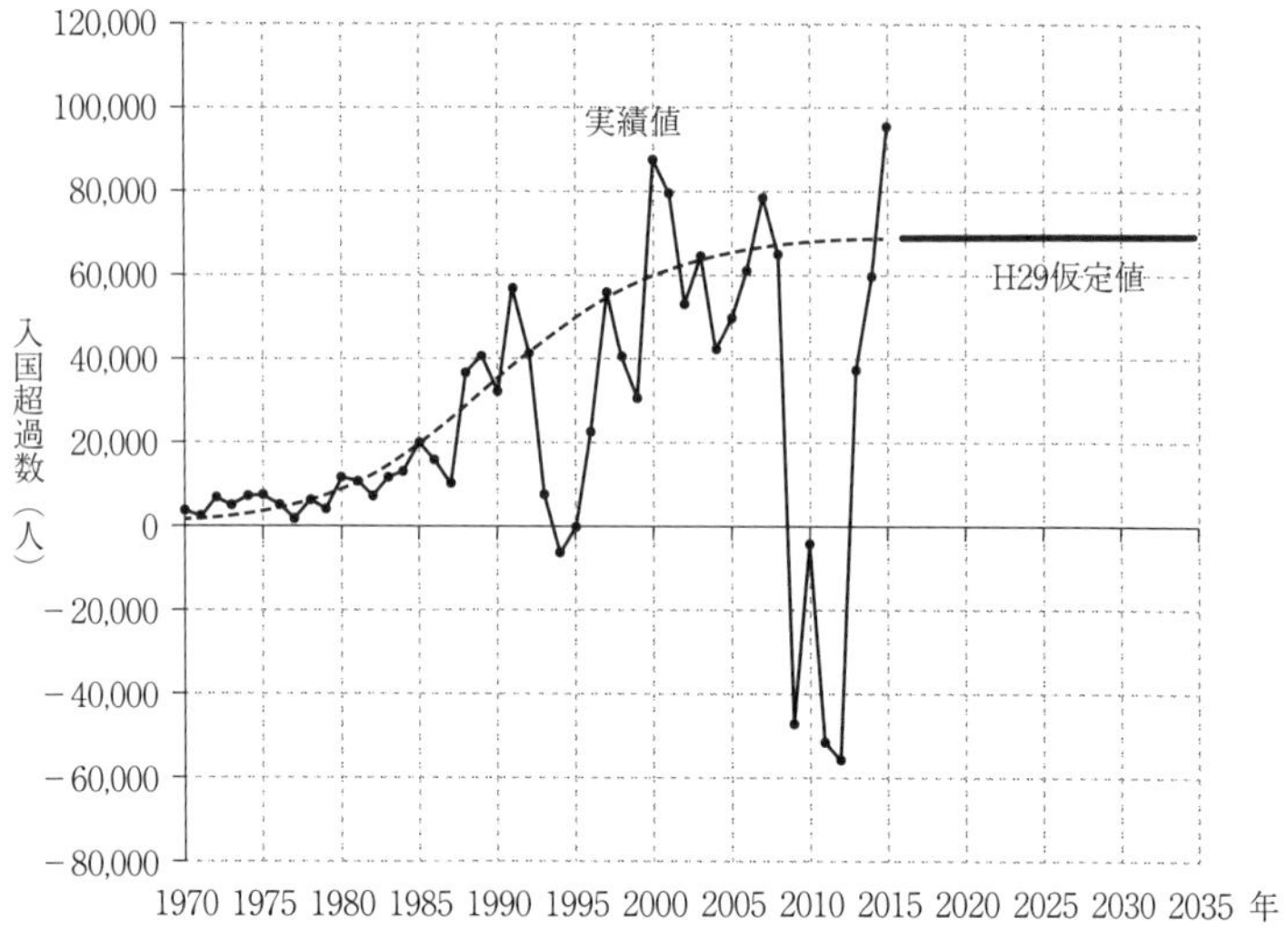

（出所）社人研「平成29年将来人口推計に関する社会保障審議会人口部会説明資料」

数が増えない姿は、微増、というよりほとんど横ばいである。

社人研はどういう考えでこの想定を置いたのだろうか。その理由は、外国人入国超過数の激しく乱高下してきた過去の推移をみれば、ある程度推測できる。図２－５にみるように、過去の実績は東日本大震災の影響等により、激しく乱高下している。この乱高下したデータから将来推計値を予想せよ、と命じられた社人研の担当者は悩んだはずだ。そして、最終的に社人研が推計にあたって選択した方法は以下のようなものだ。まず、昭和45（１９７０）年以降の外国人入国超過数のうち社会経済事象・災害等の影響により一時的に大きく変動したとみなされる年のデータを除く。そのうえで、入国超過数の長期トレンドを平成47（２０３５）年まで延長し、これを仮定値とする。図の中にある緩やかな点線と、その延長線上のトレンドがこれにあたる。

この方法は、２０１５年までの推移に照らせば、それほど不自然ではないように感じられる。乱高下を均してトレンドが貫いているかたちだからだ。しかし、その後の軌跡を点検すると、実績がすでに将来推計値からきわめて大きく乖離した経路をたどり始めているのがわかる。

図２－５にみるように２０１５年の入国超過数の実績値は９万５千人強だった。しかし、推計初期値である２０１６年の想定値は長期トレンドに合わせ、６万９千人弱と前年比約２万７千人のマイナス、と大きく下方修正をして、「発射台」とした。

後知恵でみると、この２０１６年の発射台想定はあまりに低すぎた。というのは、外国人入国超過数の実績はその後、針が振り切れるほどの上振れを続けているからだ。前年比約２万７千人のマイナスに置いた２０１６年は、逆に前年比６万７千人増の13万６千人、２０１７年も前年比１万１千人増の14万７千人で、すでにこの年の仮定値（６万９千人弱）の倍以上の水準になった。低い発射台からスタートして毎年25人しか増えない超低空飛行の仮定値と、高い発射台から毎年万人のオーダーで増える実績値の乖離は広がる一方になっている。

外国人入国超過数は人口にどの程度の影響を与えるか：社人研のシミュレーション

桁違いに大きい外国人入国超過数の増加は、日本の人口動態の将来像にきわめて大きな影響を与える。

平成31年3月20日に総務省統計局が発表した平成30年10月1日現在の日本の人口確定値をみると、以下のようになっている。

日本人人口　1億2421万8千人　前年同月比▲43万人減少　（▲0・35％）
日本の総人口　1億2644万3千人　前年同月比▲26万3千人減少（▲0・21％）

差である16万7千人により、総人口の減少はすでに4割程度も和らげられている。
社人研が2017年4月10日に開催された第19回社会保障審議会・人口部会に提出した「日本の将来推計人口（平成29年推計）推計手法と仮定設定に関する説明資料」には、出生率と、外国人の国際人口移動の水準をさまざまに変化させた際の将来人口に関する機械的なシミュレーション結果[11]が掲載されている（図2-6）。

これを見ると、毎年の外国人入国超過数が現状の15万人程度でも総人口減少、老年人口比率上昇がかなり抑制される。外国人入国超過数が50万人になると——これは、後章で述べるように、過去のドイツなどの経験に照らすと、非現実的な数字ではない——総人口の減少、老齢人口比率の上昇はきわめて緩やかになる。

以上の点から、人口減少ペシミズムが確定的な将来像ではまったくなさそうなことが見て取れる。社人研の中位推計による2045年などの人口ピラミッドは「移民ないし外国労働者の導入は必然か

図２－６　外国人移動水準の変化による将来人口の感応度

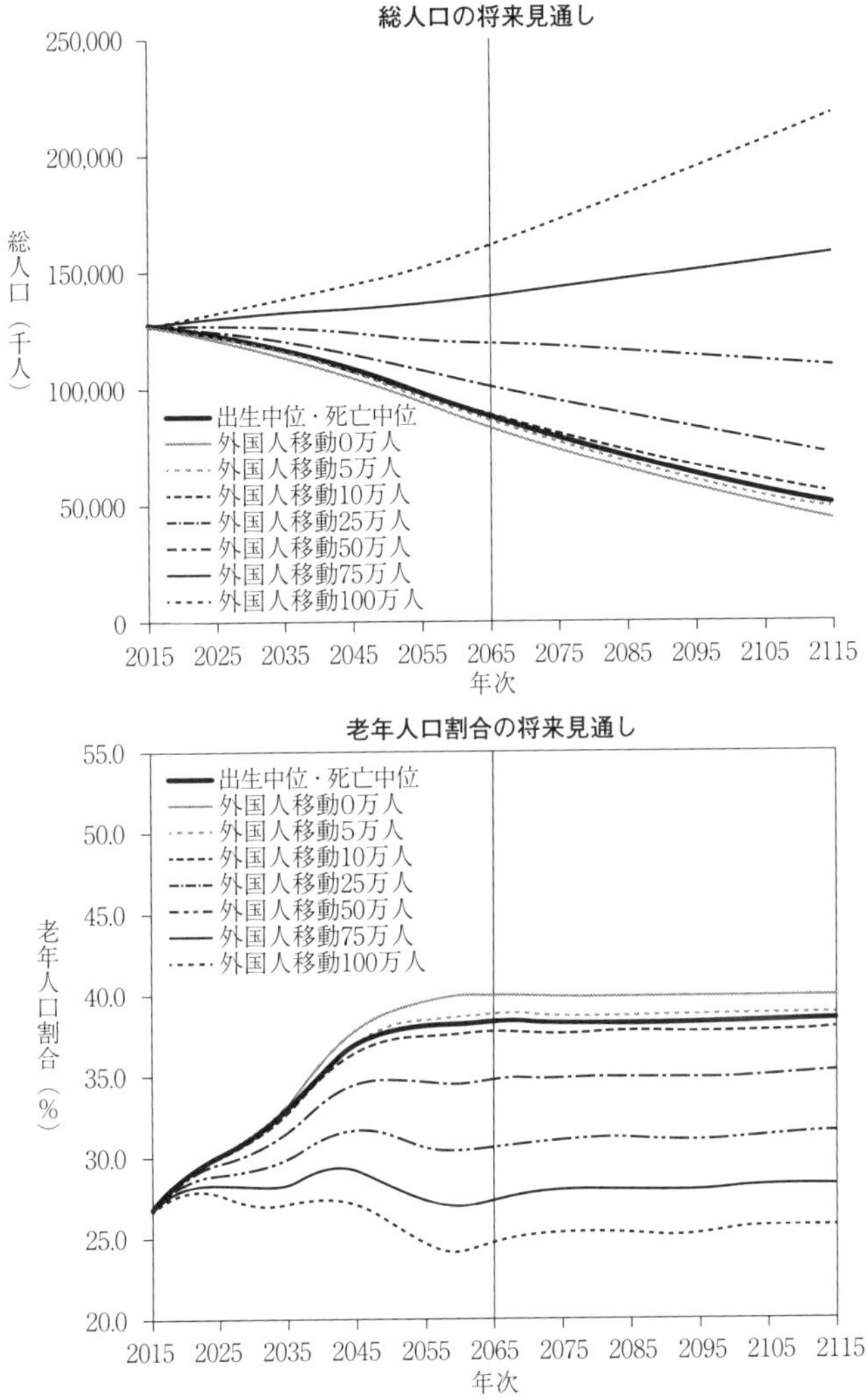

（出所）社人研「平成29年将来人口推計に関する社会保障審議会人口部会説明資料」

もしれないが、焼け石に水であり、日本は日本人中心の社会のまま縮んでいく」という印象を与える。しかし、良くも悪くも実態はそうではない。日本の将来の総人口・人口構成の姿は、日本国民の選択により大きく変わる。

それでは、日本国民は人口ペシミズム払拭のために、外国人を大量に受け入れるべきだろうか。話はそう簡単ではない。流入する外国人は無色透明ではなく、おのおの国での過去を背負ってくる。したがって、大量の外国人の流入は、経済だけでなく、社会も大きく変える。それだけに、その可否を判断するにはいろいろな視点から検討する必要がある。次章以降で、その問題をいろいろな角度から検討しよう。

【第2章注および参考文献】

（1） たとえば増田寛也『地方消滅――東京一極集中が招く人口急減』中公新書、２０１４年。

（2） https://www5.cao.go.jp/keizai-shimon/kaigi/special/future/0130/gijiyoushi.pdf

（3） 医療が「生命維持」を目的とするとすれば、福祉工学は高齢化などにより人間の身体機能が低下しても快適な生活が送れる「身体補完」に関する工学的アプローチである。たとえば、科学技術振興機構（ＪＳＴ）は、高齢者のための支援技術・システムを新しい産業の創出に結びつけるプロジェクトを立ち上げており、支援する課題として「ウエアラブル」「移動」「脳機能」「労働」「インフラ」の５種類を挙げている。こうした課題への福祉工学的な解決策として、「スマートスーツ」（筋肉や関節の動きに合わせてロボットスーツが伸縮し、作業負担を軽くするもの）「自律運転知能システム」（危険な時に感じた「ヒヤリハット」の状態をデータ集積し、「熟練運転者モデル」を搭載した車で危険時のハンドルやブレーキを自動操作する）、「生活支援ロボット」（軽度認知症者に対話ロボットが定刻に話しかけ、対話内容で異常が認められた時にロボットから家族等へ通知）。「高齢者クラウド」（高齢のため一人ではこなせない仕事を、複数人が得意な部分を活かし合い一人前の労働力にするジョブマッチング）などが実用化されつつある、とされている。福祉工学についての簡潔な説明としては、たとえば伊福部達「福祉工学が描くパラダイムシフト」『心身健康科学』９巻２号（２０１３年）がある。ここでの記述は伊福部達「高齢社会を豊かにする福祉工学のアプローチ」『太陽グラントソントンニュース』第１０２号（２０１９年）の説明を一部引用している。

（4）このほか、運動や食生活の改善など健康的な生活に対する意識の高まりや医療の進歩により、日本の高齢者は若返っているから、退職年齢が実年齢ではなく、生物学年齢に応じて設定されれば「社会保障制度の持続可能性の問題は雲散霧消する」とし、理論的には、平均寿命の上昇に対する最適な解は「人生における働く期間をそれに応じて増やすことにほかならない」と述べて、社会規範・制度上の改善の重要性を指摘する関根敏隆・日銀調査統計局長の議論も関心を集めている。https://www.bloomberg.co.jp/news/articles/2019-04-08/PPMFJE6K50XS01

（5）翁邦雄『経済の大転換と日本銀行』岩波書店、２０１５年、第４章。

（6）Ｊ・Ｍ・ケインズ「人口減少の経済的帰結」松沢周二編・訳『デフレ不況をいかに克服するか――ケインズ１９３０年代評論集』所収。

（7）合計特殊出生率（total fertility rate、TFR）は、その国の一人の女性が、出産可能な年齢とされる15歳から49歳までに産む子供の数の平均値と定義される。

（8）翁邦雄『経済の大転換と日本銀行』岩波書店、２０１５年、第４章。

（9）ただし、次の者は常住者であっても国勢調査の対象から除外されている。①外国政府の外交使節団・領事機関の構成員（随員を含む）およびその家族②外国軍隊の軍人・軍属およびその家族。

（10）国勢調査では3カ月以上にわたって住んでいる、または住むことになっている住居のない者は、調査時にいた場所に「常住している」とみなしている。

（11）　社人研は資料の中で、これを条件付き推計結果と呼び、「仮定値を機械的に変化させた際の将来人口の反応を分析するための定量的シミュレーションであり、基本推計の結果をよりよく理解するために、毎回これに合わせて実施しているものである。今回の概要版では、出生率と外国人の国際人口移動の水準をさまざまに変化させた際の将来人口に関する反実仮想シミュレーションの結果を示した」としている。

第3章　移民あるいは外国人労働者の経済的影響

前の章でみたように、移民によって日本における人口規模・構成の将来像は大きく変わり、人口ペシミズムを大きく緩和する規模になることも十分起こり得る。では、日本に常住し働く人が大量に流入することは、経済や社会にどのような影響を与える可能性があるのか。この章では、標準的な経済学的な視点からこの問題についてごく簡単に整理し、次章以降で社会に与える影響について考える。

1　外国人労働者・移民・難民のちがい

まず、以下の議論の前提として、「外国人労働者」「移民」「難民」の定義について簡単に整理しておきたい。

外国人労働者は、外国（送出国）から他国（受入国、以下、ホスト国）へ職を求めて入国してきた労働者をホスト国側からみた呼称である。こう書くと何か難しそうだが、この部分は本質的には難しくない。「外国から来てこの国でお金を稼いでいる人」ということであり、直感的な理解と齟齬がないからだ。

移民の定義

それでは、移民の定義はどうだろうか。

安倍晋三首相は2018年10月29日の衆議院本会議で、外国人労働者の受け入れ拡大に向けた入管難民法改正案に関し立憲民主党の枝野幸男代表の代表質問に答え「政府としては、いわゆる移民政策をとることは考えていない」と述べ、受け入れ拡大は「深刻な人手不足に対応するため、即戦力となる外国人材を、期限を付して、わが国に受け入れようとするものだ」と説明して、移民政策とのちがいを強調している。

ただ、これは移民についての国際的な用語法とは異なっている。

たとえば、国際連合広報センターのホームページ(1)では、国際移民については正式な国際法的定義はないとしたうえで、「多くの専門家は、移住の理由や法的地位に関係なく、定住国を変更した人々を国際移民とみなすことに同意しています。3カ月から12カ月間の移動を短期的または一時的移住、1年以上にわたる居住国の変更を長期的または恒久移住と呼んで区別するのが一般的です」と解説している。

この定義によると、日本の外国人労働者の大部分は、一時的移住ではない恒久移住の移民になる。

したがって、経済学的な分析にあたっては、移民と外国人労働者を概念的に区別する必要は存在しないのだ。

むろん、安倍首相が移民と外国人労働者の区別を強調することには大きな理由があるはずだ。おそらくは、移民を受け入れることへの国民的違和感、とりわけ自民党の支持層である保守基盤——日本国民を日本国内で生まれた人と捉える出生地主義よりも、日本人の血筋をひいている人と定義する血統主義的な解釈で「国民」を捉えることに親近感を持っている人たち——の気持ちを逆なでしないように、という配慮は当然にあると考えられる。これは、移民の経済的影響というより社会的影響にかかわる問題がいかに重要かを示唆している。本書では、国際連合広報センターの説明を踏まえて、移民という言葉を外国人労働者受け入れとほとんど区別せずに用いる。(2)

難民の定義

国際連合広報センターのホームページで強調しているのは、移民と外国人労働者の異同でなく、移民と難民の大きなちがいである。「この二つの言葉は同義で用いられることが多くなっているが重大な違いがある」としたうえで、「難民とは、迫害のおそれ、紛争、暴力の蔓延など、公共の秩序を著しく混乱させることによって、国際的な保護の必要性を生じさせる状況を理由に、出身国を逃れた人々を指します。難民の定義は1951年難民条約や地域的難民協定、さらには国連難民高等弁務官事務所（UNHCR）規程でも定められています」と解説している。

したがって、難民受け入れ問題は、外国人労働者受け入れとはまったく別の次元の話になる。日本では、近年、難民の受け入れ数は多くない。日本で受け入れた「難民ないしその他の庇護」[3]の人数は、このところ、毎年、100人前後、具体的には、2016年143人、2017年94人、2018年104人にすぎない。このため、本書ではこれ以降、難民問題は扱わない[4]。

2　移民の経済学：教科書的な分析

標準的な経済分析

それでは移民ないし外国人労働者の標準的な経済分析を簡単に紹介しよう。

むろん、移民の経済分析については、さまざまな観点から膨大な先行研究がある。しかし、国内労働者の賃金や雇用、生産性、財政に与える実証結果はいずれもまちまちで、特定の結論に向けて議論が収束する傾向は（高度人材の受け入れは望ましい、といったほぼ自明な論点を除き）、ほとんどみられない。

本書は移民問題をより幅広い観点から取り上げることに関心があり、経済分析に特化した本ではないので、それらの両論併記に紙幅を割いて詳しく紹介することはせず、基本的な論点をごく簡単にスケッチするにとどめる[5]。

その出発点としてわかりやすいのは、ジョージ・ボージャス『移民の政治経済学』による分析[6]である。この分析は、初歩の経済学を勉強した人にとってはなじみのある簡単なモデルを使うことで、

1　ホスト国が外国人労働者から受ける恩恵（移民余剰と呼ぶ）の大きさ
2　外国人労働者がホスト国の資本家と国内労働者の所得分配に与える影響についての直感的な経済学的理解を提供している。

また、ボージャスは、

3　外国人流入の便益と対比されるべき経済的費用（社会福祉プログラムや公共財支出の増加）の大きさ

という問題も取り上げ、より幅広い視点からも移民問題を論じている。この章では彼の議論を出発点としてこれらの点を順次、ごく簡単にみていこう。

ボージャスによる基本的な分析枠組み

まず最もシンプルなモデル(7)によるボージャスの定性的分析（詳細は付論1を参照）では、移民が追加的に労働市場に入ってくることで、賃金は低下する。この賃金受け取りの減少分は、国内労働者だけが働いている場合より安い賃金で労働者を雇えるようになることで人件費を節約できた企業の利益になる（移民による所得再分配効果）。

経済分析上、移民労働者を受け入れることによって、ホスト国が豊かになる効果は「移民余剰」と呼ばれる。これは、企業の手に渡るが、国内労働者からの移転ではないので、ホスト国にとっての利益、と評価される。

この分析は、移民受け入れの基本的経済効果をわかりやすく説明している。

しかし、ボージャスの分析が大きな反響を呼んだ理由は、1995年の論文(8)で米国の経済にこの分析をあてはめ、所得再配分や移民余剰の大きさを計数化してみせたことによるだろう。その結果を2015年のデータでアップデートしたものが、表3－1である。

表3－1　移民の分配的影響と移民余剰の大きさ
――2015年の米国についての計算例

（十億ドル）

GDP の増加	2,104.0
移民への支払い	2,053.8
移民余剰	50.2
米国人労働者の損失	515.7
米国企業の利益	565.9

（注）Borjas（1995）をボージャスがアップデートしたもの。米国の労働力人口に占める移民の割合は16.3％、GDP は18兆ドルと想定されている。
（出典）ボージャス「移民の政治経済学」

このボージャスの試算によれば、移民増加によるGDP増加の大半は移民への賃金の支払いに充てられている。しかも、国内労働者から企業への所得移転も大きい。これに対し、移民余剰と呼ばれる移民受け入れによるホスト国への恩恵は所得移転より一桁小さく、ほとんど無視できる大きさになっている。

この分析に沿って考えると、「人手不足」は、企業が国内労働者に十分、高い賃金を支払わないから、人を雇えないということになる。この分析では捨象されている企業間の生産性や体力のばらつきを視野に入れて、もう少し現実に近づけると、国内労働者に十分な賃金を払う体力のない企業（高い賃金を支払うと倒産してしまい、市場から淘汰されることになる企業）が移民受け入れによって生き延びている、という構図にもなる。

3　移民は生産性にさまざまな影響を与える可能性がある

このボージャスの定性的分析・定量的分析はわかりやすいが、そのまま鵜呑みにできない面もある。分析の前提になっている教科書的な前提条件の多くは現実には満たされていない可能性が高いからだ。

第一に、労働者は、このシンプルな分析のように同質的な人の集まりではない。企業もいろいろであるように、国内労働者と移民は異質であり得るうえに、国内労働者にも移民にもいろいろなタイプの人が存在する。

そうすると、そもそもホスト国の国内労働者と移民は、ボージャスの単純なモデルで考えているように代替的な関係（移民が入国すると、国内の労働者が失業したり賃金が下がる関係）なのか、補完的な関係（移民が国内労働者を手助けすることで国内労働者の就職が増えたり賃金が上がったりする関係）なのかが重要になる。これは、言うまでもなく、資本、あるいは後の章でみるＡＩの導入がある種の労働者の賃金を上げたり職を奪ったりするのと同じ作用といえるだろう。

また、財・サービスの生産についても移民の流入により、規模の生産性（移民の流入により需要が増え、生産が大規模化することで生産性が上昇する）効果が作用するのか、「混雑」（移民の流入で、公共交通をはじめ、いろいろなインフラが不足して生産の足を引っ張る）効果が働くのか、などの点によっても、プラスの効果が発生したりマイナスの効果が発生したりし得る。
言い換えれば、ボージャスの分析のカギを握っている労働者の生産への貢献は、移民の流入によって高まったり（限界生産性曲線の上方シフト）、下がったりする（限界生産性曲線の下方シフト）可能性がある。

移民が限界生産性をどちらに動かすかによって移民余剰も所得分配効果も変わり得る。ボージャス自身、移民余剰分析を扱った1995年の論文では、その可能性に言及し、移民により限界生産性が上昇する可能性に言及している（本章付論1を参照）。

高度人材受け入れの効果

こうした労働者の異質性の観点からしばしば強調されてきたのが、高度人材と単純労働者を区別する必要性であり、さらには高度人材の海外からの積極的な受け入れや頭脳流出阻止の意義である。高いスキルの外国人労働者の受け入れは、ホスト国の生産性上昇につながることで大きな恩恵をもたらし、送出国にとってはこうした頭脳流出はマイナスになる、とされてきたからだ。

このため、日本を含め、大半の国では高度人材の受け入れについては積極的である。ただ、当然のことながら、その効果の定量的な分析は容易ではなく、逸話的になりがちだ。たとえば、ボージャスは、1992年にソ連の共産党政権の崩壊でソ連の数学者の1割にあたる1000人以上の数学者がソ連を去り、その三分の一が米国に移り住んだことで、米国の数学界に大きな影響を与えたことを紹介している。

日本の例に即して、わかりやすく限界生産性を高めるような高度人材のイメージを探すと、ぴったりなのは２０１８年11月に東京地検特捜部に金融商品取引法違反の容疑で逮捕され世界を震撼させる以前、カリスマであった頃の元日産社長のカルロス・ゴーンであろう。こころみにインターネットで逮捕以前のゴーン前社長の評価を検索すると、たとえば以下のような主張の記事に遭遇する[9]。

日産自動車は、１９９９年頃、まさに瀕死の状態だった。かつての人気車種の売上も陰り、社員の士気もこれ以上底はないというほど落ち込み、２兆円という巨額の有利子負債を抱え、上場企業としては史上ワースト記録となる６８４４億円というとてつもない額の赤字を計上していた。そこに、この窮状を救うべく、提携していたルノーからＣＥＯとしてカルロス・ゴーンが送り込まれた。ゴーンは日産の業績回復、経営や組織立て直しのために辣腕を振るい、日産復活のための強力な処方箋として

・　２０００年度に、連結当期利益の黒字化を達成

・　２００２年度に、連結売上高営業利益率４・５％以上を達成

・　２００２年度末までに、自動車事業の連結実質有利子負債を７０００億円以下に削減

という三つの目標（「日産リバイバルプラン」）へ大胆にコミットした。

ゴーンの強力なトップダウンのもと、これらの目標は、すべて１年前倒しで達成され、日産は見事

V字回復を遂げた。逮捕後は、行き過ぎた公私混同についてのさまざまな疑惑も浮上し、一時の名声がとりあえず地に落ちている感のあるゴーン前社長だが、逮捕以前の国内での認識は「限界生産性を向上させる高度人材」のイメージそのものである。

単純労働者の受け入れの影響：懐疑論と現実論

これに対して、単純労働者の受け入れについては、逆に作用することが懸念されている。単純労働者の増加は、総需要の拡大には対応できるが、生産性の上昇につながるわけではないし、やや長い目で見れば、安価な労働力に頼ることで、ロボティクスやＡＩなどのイノベーションの導入を遅れさせ、本来は時間とともに少しずつ上に移動するはずの限界生産性曲線が下のほうに停滞を続けるのではないか、という懸念である(10)。

また、外国人を雇用する企業の一部は「国際競争力の低下→資本集約化を抑えた低賃金雇用→国内労働者の忌避と外国人の雇用→一層の資本集約化の忌避」といった悪循環に陥っている、との懸念も表明されている(11)。

他方、現実論として、日本で技能実習生などのかたちで単純労働者に頼ってきたのは、なにより中小零細企業であり、たとえ原理的には機械化が可能であっても、こうした企業は、導入単位が小さいのでコスト的に引き合わないことのほうが多い、という指摘もある。上林千恵子・法政大学教授は「外国人労働者の受け入れは単純労働を代替させるはずの技術革新を妨げる」という議論について、技能実習生を採用してきた零細企業の実態を踏まえ、こと第三次産業の場合は、人間に代わって単純労働を遂行できるような機械を導入できる余地が少ない、と反論している(12)。これは、既存の技能実習制度が、とうてい国内の労働者を雇えない零細企業生き残りの生命線になってきたという現実に即した見方といえる。

介護離職をめぐって

それでは単純労働者の導入で限界生産性が上がる具体例はないのか。その可能性として、介護離職の問題を取り上げよう。

介護離職対策は、近年、重要な政治課題として浮上している。

安倍晋三首相は2015年9月24日、自民党総裁への再選が決まったことを受けた記者会見で「アベノミクスは第二ステージへ移る」と宣言し、新たに「希望を生み出す強い経済」「夢をつむぐ子育て支援」「安心につながる社会保障」という〝新三本の矢〟を発表した。おのおのに対応する具体的な目標として掲げられたのが「GDP600兆円」「希望出生率1・8の実現」「介護離職ゼロ」「待機児童ゼロ」であり、これらは「新三本の矢」の重要な柱、と位置づけられた。

新三本の矢は、マクロ政策重視の初期アベノミクスのサポーターが多い海外投資家にはあまり受けなかったが、日本社会が現実に直面している人口問題の大きさに照らすと、新三本の矢の中で、「希望出生率1・8の実現」「介護離職ゼロ」「待機児童ゼロ」に目を向けたこと自体は適切と思える。実

図３－１　介護離職者の推移

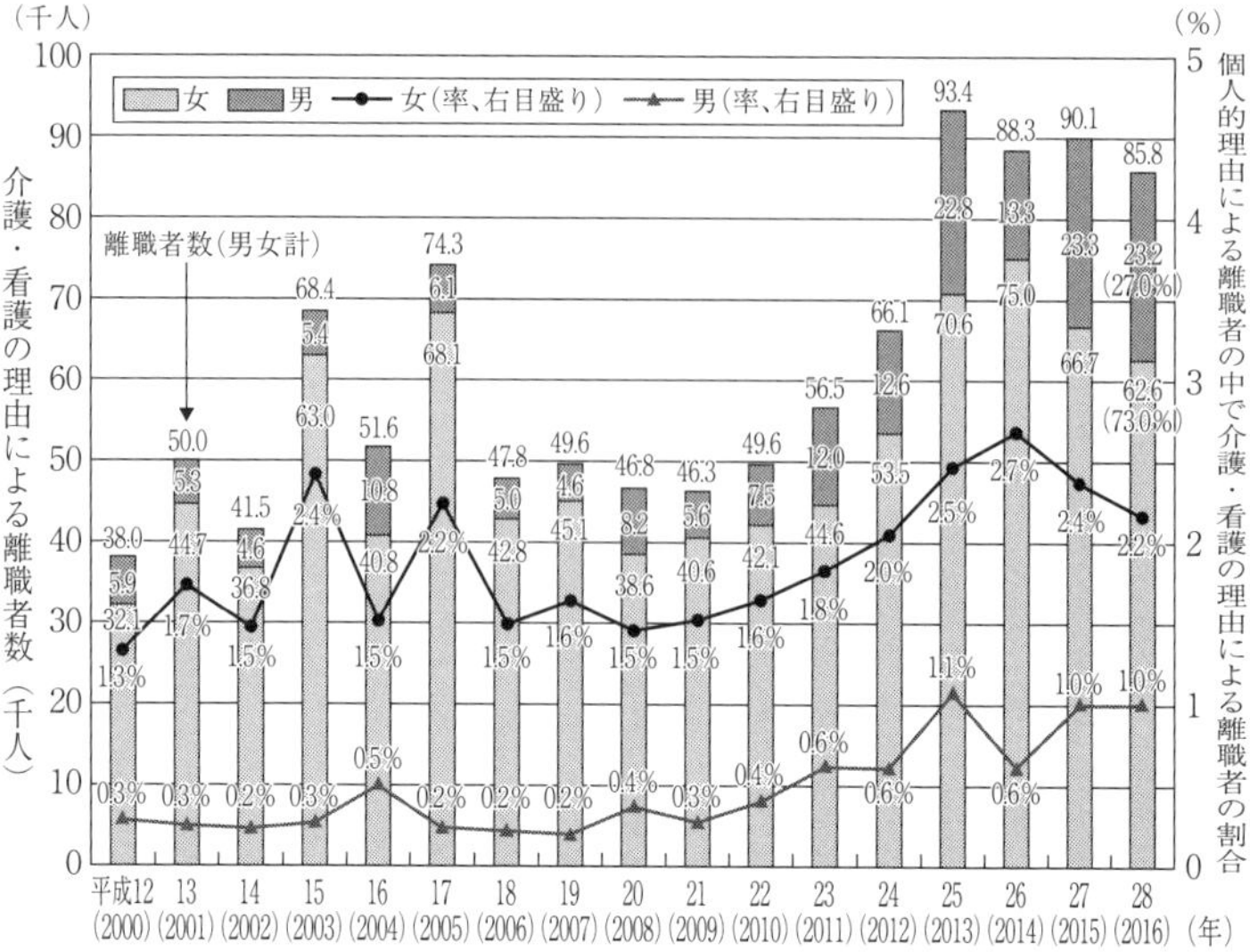

（出所）『高齢社会白書』平成30年版

際、介護離職は、図３－１で見るように、２０１３年以降約９万人前後で推移しており、10年前の５万人弱から明確な上方への水準訂正が起きているからである。

ただ、この時点で、安倍首相が示した対策は、「特別養護老人ホーム（特養）の大幅な整備」という方法であり、これに対して介護の現場からは、

「介護士の労働環境を改善しないと、施設を増やしても働く人がいない」

「箱だけ作っても、職員が足りなくなる状況が目に浮かぶ」

「今でさえ、介護士が少なくて現場は大変なのに、特養を増やしてどうするの？」

といった人手不足を危惧する声が続出した、とされる[13]。

こうした介護現場の危惧に照らすと、介護離職の阻止には、特養の大幅な整備という方向感より移民介護士の大規模な育成のほうが効果的な可能性が高い。その結果として、これまで介護士の人手不足で親が特別養護老人ホームに入れず、介護離職を選ぶしかなかった有能な職業人が、移民に介護を代替してもらうことで離職せずに済むことが期待できる。これなら、有能な職業人の介護離職で押し下げられるはずの限界生産性低下を食い止める、という意味で国内労働者と移民との間で補完効果が働き、限界生産性にプラスの効果をもたらす、とみることもできるだろう。

ただ、この問題は、さらにもう一段掘り下げて「なぜ介護士が少なくて現場は大変」という状況が生じているか、という点にも立ち返る必要がある。これは、移民の財政的コストの議論に即して、本章５節で立ち戻ることにしよう。

４　移民によるホスト国の労働者の賃金への影響

「移民の経済学」の基本的な分析的結論は、移民の流入によって労働供給が増える結果、国内労働者が受け取る賃金が低下する、というものである。これに対しては「移民は賃金が低く、（きつい、汚い、危険、といういわゆる３Ｋ労働など）労働条件が厳しいために、ホスト国の労働者が就きたがらない職業に就く。だからホスト国の労働者とは競合せず、ホスト国の労働者の賃金には影響しない」という反論が出されることも多い。

これに対する標準的な反論は、移民は、ホスト国の労働者がやりたがらない仕事をやるわけではない。ホスト国の労働者が現在の賃金ではやりたがらない仕事をやるのだ、というものである。

賃金への影響は、労働者間の代替・補完関係も絡み、厳密に実証するのは容易ではない。実証研究の多くでは、特定の労働市場における賃金と移民比率の相関は小さい、という結果が得られているが、それに対しても、移民反対派からは、労働市場の流動性が高いので、移民の流入に応じてホスト国の労働者が他の職場に移動する結果、賃金への影響が表面化しない（ホスト国の労働者の流動性が高い）結果ではないか、といった反論が出されたりする[14]。

ただ、日本に関していえば、移民による労働供給の増加がまったく賃金に影響を与えない、と考えるのは非現実的だろう。いくつか傍証を挙げよう。

たとえば、近年、人手不足が深刻な割には名目賃金は伸び悩んでいることが指摘されているが、これについて日銀は２０１８年７月の展望レポートで、その理由の一つとして、人手不足が強まるもとで、女性や高齢者の就労増加ペースが加速していることを指摘している。女性や高齢者のパートは、賃金の上昇に対して他の人々よりも敏感に反応して就労を選ぶため、労働需要が高まり賃金が少し上がると高齢者・女性が労働市場に参入してくることで、より多くの労働を供給する。結果として賃金上昇が抑制されている、というのである。そして、仮に女性や高齢者の労働供給が弾力的になされていなければ、賃金上昇はより大きくなっていたと考えられる、としている[15]。女性や高齢者の参入は賃金上昇を抑制するが、外国人参入は抑制しない、と考えるのはかなり難しい。

また、より直接的な例として、日本総研のレポートの分析[16]を挙げておこう。このレポートでは、外国人雇用が賃金に与える影響の地域別・産業別の分析の中で、運輸では賃金を引き上げる一方、宿泊・外食は賃金を抑制していることを指摘し、その背景として「運輸では、在留資格の制限からドライバーの外国人雇用比率を高めることができず、人を集めるには賃金を上げることが不可避な状況にあった」「宿泊・外食では、原材料価格の高騰を販売価格の転嫁で対応するも吸収し切れず、外国人雇用増加による人件費抑制スタンスで対応してきた」という指摘をしている。

これらの点を考えると、外国人労働者と日本人労働者が代替的である限り、国内労働者の賃金にある程度影響が出るのは当然、と考えるべきだ。もっとも、日本の労働者は2018年秋の時点ではそれを深刻な脅威とは受け止めていないようである（本章付論2を参照）。

5　移民流入と財政負担

移民流入は、むろん、労働者の賃金や企業の利益に影響を与えるが、直接、間接に社会・経済を支えるコストにも幅広い影響を与える。より直接的には、財政負担はどうなるのか、という問題が生じる。たとえば、移民にホスト国民と同じように社会保障を提供し、病院や公園を使えるようにすることは、コストを拡大させるはずだが、移民も税金や社会保険料を支払うことで収入が増える可能性もある。この話題の中でしばしば引用されるのは、ミルトン・フリードマンの「メキシコ移民は不法移民なら望ましい」という警句である。[17]

フリードマンは個人の自由意思を最大限尊重し、政府による介入は極力排除すべき、と考えるリバタリアンである。リバタリアンが個人の「選択の自由」を尊重する以上、フリードマンが自分の意志で居住国を変えようとする移民に反対するとは考えにくい。フリードマンが「国境を越えるメキシコ移民は良い存在だ。不法入国者にとって移民することは良いことだ。それは米国にとっても良いことだ。それは米国民にとっても良いことだ。しかし、そうであるのは、それが違法移民である限りにおいてだ」とコメントするとき、彼が主張しているのは、移民への門戸開放と福祉国家は、両立しないということである。そうであれば、リバタリアンであるフリードマンの視点からは、再考すべきなのは福祉国家のほうだ、ということになるのだろう。

しかし、現実には、多くの先進国、そして、日本は「内外人平等原則」に基づき、原則的に外国人には自国民と同じ新興国より手厚い社会福祉制度を適用している。[18]そのことは、税収と社会福祉コストの双方が外国人の流入によって大きく変化し、それが財政へ大きなインパクトを持つ可能性があることを意味する。

しかし、日本で、移民と財政コストの関連を考える場合、日本における介護士の大幅な不足が介護離職を生み、外国人介護士の増加がそれを緩和する状況と財政コストの関連についても立ち戻って検討しておく必要がある。

日本で、現在、「なぜ介護士が少なくて現場は大変」という状況が生じているかといえば、それは人手不足にもかかわらず、介護士の賃金が厳しい労働の対価としては低いからにほかならない。

介護報酬について厚生労働省のホームページでは、「介護報酬とは、事業者が利用者（要介護者または要支援者）に介護サービスを提供した場合に、その対価として事業者に対して支払われるサービス費用のことをいう。介護報酬は、各サービスごとに設定されており、各サービスの基本的なサービス提供に係る費用に加えて、各事業所のサービス提供体制や利用者の状況等に応じて加算・減算される仕組みとなっている。介護報酬は、介護保険法上、厚生労働大臣が社会保障審議会（介護給付費分科会）の意見を聴いて定めることとされている」と説明している。(19) その介護報酬を賄う介護保険の財源構成は、公費50％、保険料50％であり、公費の分は国と地方が半分ずつ拠出している。

良心的な事業者も、そして政府も、現場で介護サービスを担う人たちに、できればなるべく高い賃金を払いたいはずで、そのような努力もなされている。だが、介護保険制度を維持する観点からは、介護関係者への報酬引き上げには限界があることは否めない。それゆえに大きな人手不足が続いている、ということになる。

言い換えれば、低賃金の介護サービスを外国人が担うことは、標準的な「移民の経済学」の分析のように、企業利益を増やしているとは限らず、介護の財政コストを抑制している、という要素もある。

このように、移民の財政収支への影響は多面的で大きい。

だが、その全体像を的確に把握するのは難しい。

ボージャスは、移民の財政収支に与える影響について「計算のやり方をうまく操作することで、大きな財政黒字や財政赤字の予測をはじき出すのは、とても簡単なのだ」と指摘する。[20] そして、彼の個人的意見として「このような操作を使って最終結果が敏感に左右されるということは（意見が激しく対立する移民をめぐる議論においては、こうした操作をすることはきわめて魅力的だ）、こうした計算自体が役に立たないということだ」と切って捨てている。そのことは、移民歓迎派と移民反対派が激しくぶつかり合っている中で、政治的な主張に合う我田引水的な試算結果が両派に引用されている米国の現実への、ボージャスの醒めた視線を感じさせる。

以上、この章の分析から何が言えるのか。ひとことで言えば、移民の是非について経済学的な分析だけで結論を出すのは難しい、ということだ。

まったくの余談だが、むかし、筆者が日銀の若手職員だった頃、同行の金融研究所の顧問はケインジアンであるジェームス・トービン（エール大学）とマネタリストであるミルトン・フリードマン（シカゴ大学）だった。いずれもノーベル経済学賞を受賞したマクロ経済学の泰斗だが、政策的主張は対極にあった。金融研究所主催の国際コンファランスは、二人のキーノート・スピーチから始まるのが常だったが、ある年のコンファランスで、トービン（あるいはフリードマンのほうだったかもしれない）は、冒頭「われわれ二人のスピーチの役割は、お互いの主張をキャンセルアウトすることだ」と述べて参加者の笑いを誘った。今回、移民の経済学に関連する論文やボージャスの本をあらためて読み、忘れていたその時の記憶がよみがえった。

付論１　ボージャス・モデルのやや詳しい説明

以下、この補論では、本論で簡単に説明したボージャスの基本的な分析枠組みをもう少し詳しく説明する。

（1）　最もシンプルなモデルによる定性的分析

図３－２で、縦軸は労働者に支払われる実質賃金水準と「労働の限界生産性」（労働者が１単位追加的に働くことによってもたらされる財ないしサービス）、横軸は労働の供給量を測っている。

図のNは移民が存在しない場合に国内の労働者によって提供される総労働量であり、簡単化のため、労働供給量は一定と仮定されているので垂直な線になっている。つまり、賃金が安かろうと高かろうと、労働者が働く量は増えない（賃金が上がることで残業が増えたり、アルバイトの希望者が増えたりすることはとりあえず無視する）と仮定されている。

企業が労働者を雇って、財・サービスを生み出すために使う設備などの資本は一定、と仮定され、労働の限界生産性MP_Lは労働量が増えるほど下がると想定されているから右下がりの線になっている。

図3－2　ボージャス・モデルの基本形

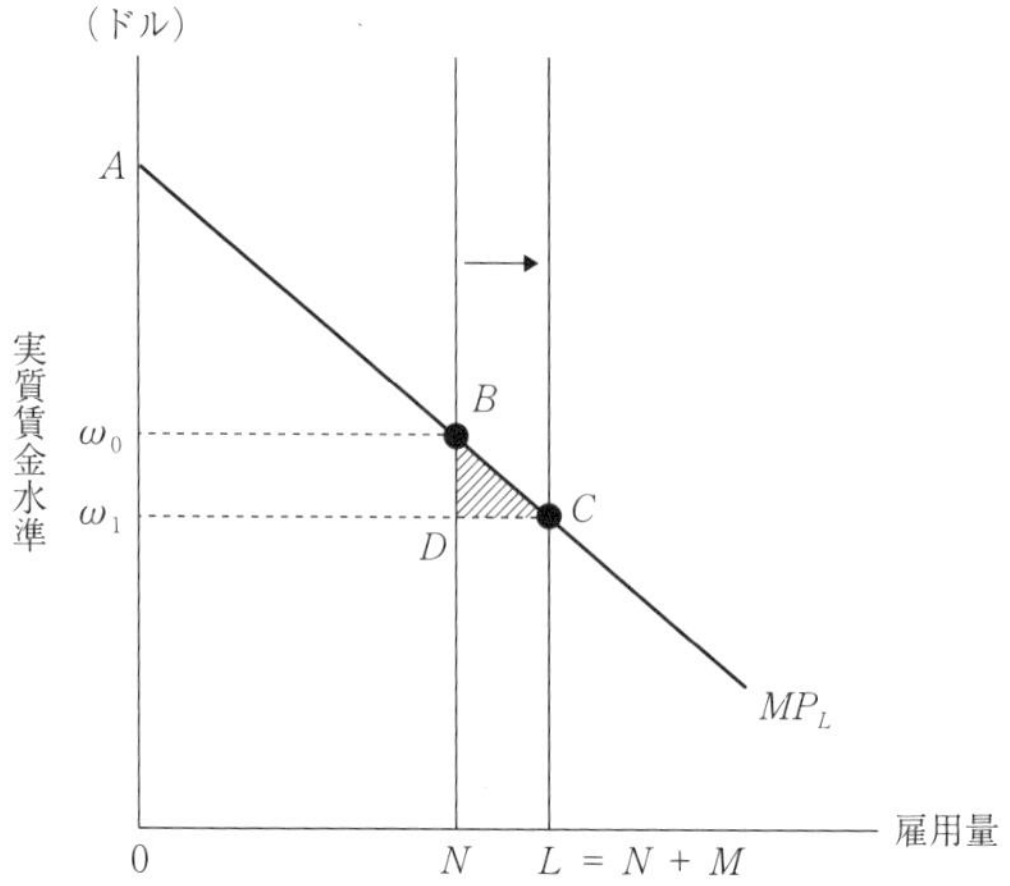

（出典）Borjas, George（1995）“The Economic Benefits from Immigration.”

たとえば、運送会社が固定的な台数のトラックを保有しているとき、保有トラックを増やさずにドライバー（労働者）だけをどんどん増やしても、輸送量はドライバーの数と比例的には増えない。一般に、一定の資本（設備）のもとでは、労働者が生み出す価値は労働者が増え労働力の稀少性が減るに従って減る（限界生産力低減）と考えるのが自然であるとされ、労働の限界生産性曲線は右下がりになる。

いま国内労働者だけが生産に従事している場合、賃金はN番目の労働者の限界生産性に等しいw_0になるのが合理的と考えられる。これ以上、労働者に働いてもらっても、企業が手にする財・サービスは労働者に払う賃金を下回るからだ。このとき、国内労働者に支払われる賃金総額は長方形Ow_0BNの大きさになっている。

ここで、外国人労働者がMだけ追加的に労働市場

図３－３　ボージャス・モデルの拡張形：移民により限界生産性が上昇するケース

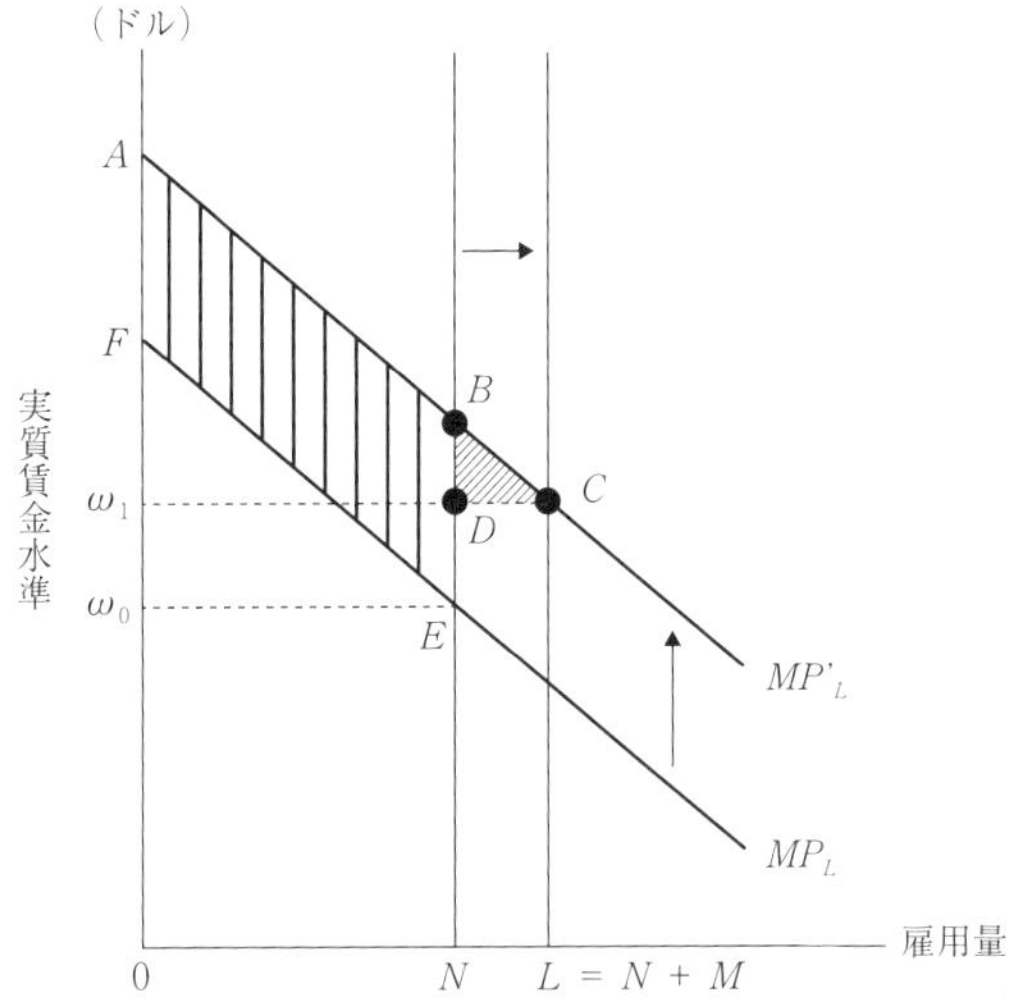

（出典）図３－２に同じ。

に入ってきた、とする。すると、賃金は国内労働者Nに外国人労働者Mを加えた合計のL番目の人の限界生産性に等しいw_1にまで下がる。国内労働者に支払われる賃金総額は長方形Ow_1DNになり、賃金が下がった分、長方形w_1w_0BDだけ受け取り総額が少ない。

この賃金受け取りの減少分は、国内労働者だけが働いている場合より安い賃金で労働者を雇えるようになっていることで人件費を節約できた企業が利益を得ている分（移民による所得再分配効果）、ということになる。なお、移民労働者に支払われる賃金総額は長方形$NDCL$である。

経済分析上、斜線部分は、移民労働者が受け取っていない生産の増加分に対応し、移民余剰と呼ばれる。移民労働者を受け入れることによって、ホスト国が豊かになった部分（移民余剰）、ということになる。この移民余剰分は企業の手に渡るが、本論でも述べたように国内労働者からの移転ではないので、ホスト国にとっての利益、ということになる。

（2）移民により限界生産性曲線がシフトする場合の定性的分析

ボージャスの基本図で分析のカギを握っている限界生産性曲線 MP_L は、移民の流入によって上にシフトしたり（限界生産性上昇）、下にシフトしたりする（限界生産性低下）可能性がある。移民が限界生産性をどちらに動かすかによって移民余剰も所得分配効果も変わり得る。ボージャス自身、移民余剰分析を扱ったもともとの論文では、その可能性に言及し、移民により限界生産性が上昇するケースを図で示している。[21]

図3－3では、移民受け入れによって限界生産性が MP_L から MP'_L へと上にシフトするホスト国にとってうれしいケースが描写されている。この場合、移民の受け入れで国内労働者への賃金もかえって上昇することになる。

付論2　外国人労働者受け入れについての国内労働者の受け止め方

国内の労働者は、どう受け止めているのだろうか。新たな在留資格を作って外国人労働者の受け入れを拡大することを目指す入国管理法改正案を政府が最重要法案と位置づけ成立を目指していた20

１８年の臨時国会（10月24日開幕）に先立ち、10月に連合（日本労働組合総連合会）は、外国人労働者の受け入れおよび外国人との共生に対する意識について把握するため、として、20歳～69歳の働く男女を対象としてインターネットを用いて行った「外国人労働者の受入れに関する意識調査[22]」の結果を公表した。

全回答者（１０００名）に、日本全体として外国人労働者が増えることについて、どのように思うか聞いたところ、『よいことだと思う（計）』（「非常によいことだと思う」「まあよいことだと思う」の合計、以下同様）は54・９％、『よくないことだと思う（計）』（「非常によくないことだと思う」「あまりよくないことだと思う」の合計、以下同様）は21・７％となり、肯定的な人が多数派となっており、全体として外国人受け入れ拡大に肯定的である。

そのうえで、日本全体として外国人労働者が増えることについて「よくないこと」だと考えている人（２１７名）に、そう考える理由を聞いたところ、「外国人労働者の雇用より、まずは日本人の雇用を優先すべきであるから」が最も多く61・８％、次いで「日本人の雇用・労働条件、働き方にマイナスの影響があるから」が45・６％、「日本人が就きたがらない仕事に外国人労働者を活用すればよいという考えはよくないから」が30・０％、「日本全体として、多言語化などの環境整備が進んでいないから」が18・４％、「国民の中に外国人労働者を受け入れるという意識がないから」が16・６％という順になっており、日本人の雇用や労働条件・働き方にマイナスの影響が出ることへの懸念はそれほど大きくなく、全体的にはきわめて冷静な受け止め方になっている。

【第３章注および参考文献】

（１） http://www.unic.or.jp/news_press/features_backgrounders/22174/

（２） ちなみに、本書で主として引用する外国人労働者の経済的分析に関する文献でも移民という言葉が多く使われており、外国人労働者と使い分けられてはいない。

（３） 日本で受け入れている難民には「定住難民」と「条約難民」がある。「定住難民」とは、インドシナ難民（ベトナム・ラオス・カンボジアにおける政治体制の変革等に伴い周辺地域へ逃れた者と呼寄せ家族でわが国への定住を認めたもの）および第三国定住難民（タイまたはマレーシアから受け入れたミャンマー難民）である。定住難民として受け入れられた後、条約難民として認定された者もおり、法務省の発表している合計数では重複して計上されている。「条約難民」とは、入管法の規定に基づき、難民として認定された者の数である。「その他の庇護」とは、難民不認定とされた者のうち、人道上の配慮を理由に在留が認められ、在留資格変更許可を受けた者である。法務省報道資料 http://www.moj.go.jp/content/001290415.pdf 参照。

（４） 難民にかかわる国際人口移動の問題の国際的動向については、田所昌幸『越境の国際政治』有斐閣、２０１８年を参照。

（５） 移民の経済学に関連する膨大な先行研究をさまざまな側面からコンパクトに紹介したものとして、萩原里紗・中島隆信「人口減少下における望ましい移民政策―外国人受け入れの経済分析をふまえての考察―1」*RIETI Discussion Paper Series* 13-J-018 ２０１４年３月がある。

（６） ジョージ・ボージャス著　岩本正明訳『移民の政治経済学』白水社、２０１８年。

（７） 生産関数は一次同次、資本、国内労働者は一定、などが仮定されている。詳細は本章の付論1を参照。

（８） Borjas, George（1995）“The Economic Benefits from Immigration,” *Journal of Economic Perspective* 9, Number 2, pp. 3-22.

（９）「経営者なら見習いたい、日産自動車社長カルロス・ゴーンの６つの経営手腕」https://hyakkei-online.com/archives/3007

（10）たとえば、河野龍太郎「外国人労働者受け入れ拡大の政治経済学　生産性上昇に向けた取り組みが後回しにされないか」*MARKET ECONOMICS* Weekly Economic Report ２０１８年11月30日号（No. 789）。

（11）安里和晃「外国人材活用の条件（上）低生産性企業の温存 避けよ労使紛争の調停充実 急務」『日本経済新聞』２０１９年３月12日「経済教室」。なお、その中で、米国ではこうした状況を「スエットショップ化」と呼び、劣悪な労働環境と搾取的な雇用を形容する、とも指摘されている。

（12）上林千恵子『外国人労働者受け入れと日本社会』東京大学出版会、２０１５年、70ページなど。

（13）たとえば、介護求人ナビ https://www.kaigo-kyuujin.com/oyakudachi/break/27764/

（14）これらの点についての実証のサーベイについては前掲萩原・中島（２０１４）を参照。

（15）日本銀行『展望レポート』２０１８年７月（ＢＯＸ１）「最近の労働供給の増加と賃金動向」。

（16）日本総合研究所「外国人雇用増の産業面への影響」*Research Focus* No. 2018-038、２０１８年11月８日。

（17）この警句はボージャス（２０１７）にも引用されている。以下の引用原典は、https://openborders.info/friedman-immigration-welfare-state/ である。

（18）ただし、外国人の年金の場合、帰国時に一時金が支給されるが、上限があることから、帰国時に掛け捨てが生じ不利益が発生している、といった制度的問題のほか、運用上の問題はいろいろ存在する。

（19）https://www.mhlw.go.jp/topics/kaigo/housyu/housyu.html

（20）ボージャス（２０１８）１９６ページ。

（21）前掲 Borjas (1995)。

（22）調査タイトル：外国人労働者の受入れに関する意識調査２０１８
調査対象：ネットエイジアリサーチのモニター会員を母集団とする20歳～69歳の働く男女
調査期間：２０１８年９月25日～９月26日
調査方法：インターネット調査
調査地域：全国

有効回答数：１０００サンプル
実施機関：ネットエイジア株式会社

第4章　移民の社会的影響――欧州の経験

前章では、狭義の経済的影響の議論を一通りみた。しかし、外国人労働者を導入する、ということは、工作機械や自動車の輸入とはまったく異なる。外国人労働者はなにより生身の人間であり、その人が生まれ育った送出国の文化や習慣、そして価値観がホスト国に持ち込まれることになるからだ。

1　移民の社会的影響

『移民の経済学』の最終章（「いったい誰の肩を持つのか」）のおわり近くで、ボージャスはいくつか衝撃的な主張をしている。

経済的影響を超える可能性

・開国すれば、移民が多大な経済的利益をもたらすと主張するのは、移民を人間ではなく、単なる労働者とみているからにすぎない。開国支持者が主張する移民がもたらす数兆ドルに上る経済的利益は、移民が受け入れ国の社会的、政治的、経済的な側面に負の影響をもたらす場合、容易に相殺される（経済的な大損失にもなり得る）。開国による影響は、移民が労働力や生産性のあるスキルを持ち込むかどうかだけではなく、貧しい自国の発展を阻害してきたかもしれない制度的、文化的、政治的な慣習を彼らが持ち込むかどうかにも左右される。

・政治的に正しい通説は間違っている。移民はわれわれ全員にとって良いわけではない。われわれ全員の暮らしが良くなる、という根拠のない主張をやめ、移民受け入れによる勝者と敗者がいることで浮上する問題に対処しよう、と努めることで、よりよい解決策を考え出すことができるだろう。

・より建設的な対応は、どのような移民政策を遂行するのかは、事実ではなく、イデオロギーと価値観に左右される、ということをはっきり認めることだ。いったい、あなたは誰の肩を持つのか？

・自分のイデオロギーをはっきり明かさない人々はよく、経済モデルや統計分析の結果に過度に依存する。彼らは実際にはイデオロギーの背後にある政策目標を後押しするために、多くの対立する研究成果の中から、自分に都合のよいものを選んでいる。

このように引用すると、ボージャスは、移民に否定的なように聞こえる。しかし、彼自身、キューバからの移民であった。彼がアメリカに渡った１９６０年代のはじめには、カストロ体制のキューバと米国は激しく対立、キューバ経済は疲弊する一方、キューバ人はアメリカ国内に大きなコミュニティを形成していた。ボージャスは１９６２年の10月17日に母と２人で出国し、ハバナ空港で「最後の嫌がらせを受けた後」マイアミに到着した[1]。ちなみに10月17日は、ケネディ大統領が、ソ連がキューバに中距離弾道ミサイルを配備したことを知らされた翌日であり、その５日後の10月22日以降は、米国が艦船と航空機でキューバを海上封鎖し、世界が核戦争の瀬戸際に立たされるキューバ危機が始まろうとしていた。

他方でボージャスは、経済学者としては、移民の経済的影響についての計量分析で高い評価を得てきた人である。それらのことに照らすと、ボージャスのこれらの発言は非常に重い。移民は、無色透明な労働力ではなく、育った環境に強い影響を受け、自分の幸福を追求する権利がある人間である。そうした人間を、人間としてホスト国に受け入れることの影響を深く考えずに、労働力という観点からだけ得失を考えると、ホスト国にとっては大きな負担をもたらす可能性がある。ボージャスの警告の裏側には、そのことで移民たちも偏見にさらされ、憎まれて深い心の傷を負うことへの懸念があるだろう。

そして、ボージャスは一転「米国はこれまで、ほとんど成功の機会のない多くの外国人に希望と新たな人生を提供するという歴史的に重要な役割を担ってきた。そうした国こそが私の住みたい国なのだ」と言う。これは、ホスト国でなく移民のための移民政策という、とてつもなく崇高な立場に立つことになる。しかし、ボージャスが認めるように、そうした立場は多くの問題をはらむ。「経済的、社会的な混乱をもたらし、最も社会的に弱い立場の人が犠牲になることがほとんど」だからだ[2]。

こうした議論を踏まえ、日本における移民の社会的影響を考えるうえで有用なのは、欧州の経験だろう。なんといっても米国は、もともと移民国家であり、血統主義的に純粋な米国人を定義するのは難しいからだ。

これに対し、欧州、とりわけドイツは、強い血統主義的な民族意識を持ちながら第二次世界大戦後早い段階から外国人労働者を受け入れ、移民が膨張していった。そのドイツなど欧州でなにが起きてきたのか、という経験を踏まえたうえで、日本では現状どのような影響が起きているのか、欧州とどの点が共通し、どこが異なっているのかということを検討する必要がある。

なお、以下で、移民ないし外国人労働者の社会的影響を考えるうえで主に念頭に置いているのは、少数の高度人材の受け入れではなく大人数の単純労働者の受け入れである。高度人材は、概してホスト国社会で丁重に扱われ、また、高度人材の側も高い経済力や語学力でホスト国社会へのより高い適応力を発揮するからだ。

日本国民が移民受け入れに感じている不安

そこで次に、移民の社会的影響を検討しよう。移民の影響のうち、雇用、賃金、財政への影響など経済的な影響を簡単にみた。これらを除くと、どのような影響が重要な社会的な影響なのだろうか。その検討には、人々が外国人の受け入れに対して持つ懸念がどのようなものか、を見ておくことが有用だろう。

図4－1　単純労働者の受け入れに反対する理由

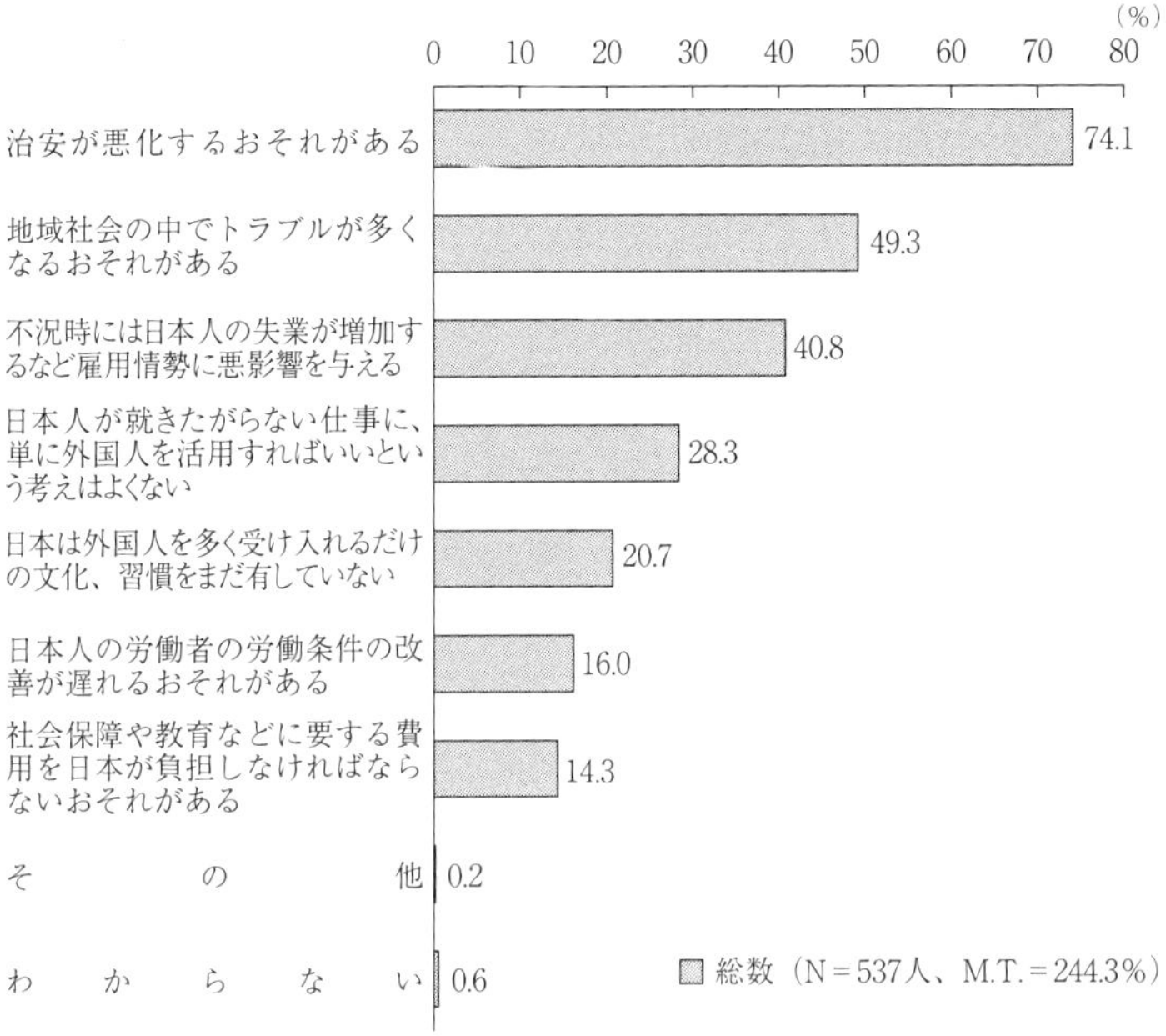

(注)「今後とも専門的な技術、技能と知識を持っている外国人は受け入れ、単純労働者の受け入れは認めない」と答えた者に聞いた反対理由、複数回答

(出典) 内閣府[3]

この点についての手がかりになるものとして、内閣府が不定期に行っている外国人労働者受け入れに関する包括的な世論調査がある。そろそろ次回調査が行われる頃だが、本書執筆時の2019年春現在利用可能なものは平成16(2004)年の世論調査結果である。その中で、単純労働者受け入れに反対の人々に理由を聞いた結果が図4－1である。

これをみると、圧倒的に大きな懸念は「治安が悪化するおそれがある」(74・1%)である。それ以降の項目で経済的な要因以外のものとしては「地域社会の中でトラブルが多くなるおそれがある」（49・3％）、「日本は外国人を多く受け入れるだけの文化・習慣をまだ有していない」（20・7％）と続く。

また、外国人労働者受入れ制度について、「女性や高齢者など国内の労働力の活用を優先し、それでも労働力が不足する分野には単純労働者を受け入れる」と答えた人に、仮に一定の範囲で単純労働者の受け入れを認める場合、どのような条件や制限が必要だと考えるか聞いたところ、経済以外の要因としては「滞在期間に期限を設け、それ以上の滞在は認めない」（35・1％）、「一定水準の日本語能力を持った人だけを受け入れる」（23・8％）などが回答の多い順となっている。

以上の点を踏まえれば、日本における単純外国人労働者増加の社会的影響についての主な懸念は、

1） 治安の悪化への懸念
2） 文化・習慣・言語のちがいによる軋轢
3） 永住してしまうことへの懸念
4） 意思疎通への不安

などである、と整理できるだろう。

これらのうち、治安の悪化への懸念では、外国人の犯罪率はホスト国民の犯罪率より高いのか、ということが問題になる。また、文化・習慣・言語のちがいによる軋轢の中で、欧州などでは、宗教対立による軋轢がきわめて重要である。永住への懸念は、有期労働者として受け入れた人たちが、当初の取り決めどおり帰国してくれないのでは、という問題である。この問題の系として、外国人がホス

ト国の国民と結婚すれば永住することになるが、外国人とホスト国国民の間での国際結婚の状況も問題になる。

これらのほかに、日本の世論調査ではあまり意識されていないようにみえる問題として、移民を介した送出国とホスト国の政治的軋轢の問題がある。移民問題の専門家の間ではディアスポラ（ホスト国に同化せず出身国に対する強い親近感を持った移民集団。本章3節で触れる）が生まれることによる軋轢として関心を呼んでいる(4)。

2　ドイツの経験

以下では、これらの点について主に大量の外国人労働者（ゲストワーカー）で労働不足を補ってきたドイツの経験を難民問題が深刻化する以前の時期について検討する。

(1)　ドイツにおけるゲストワーカー制度(5)

まず、ドイツのゲストワーカー制度をみておこう。1950年代から60年代にかけて第二次世界大戦の敗戦国であるドイツは総人口、労働力人口がともに減少傾向にあった。ドイツ政府は労働力不足を補うため、農業および製造業やサービス業分野において国家間協定による「ゲストワーカー」（原語ではGastarbeiter）の受け入れを開始した。

国家間協定は、１９５５年にイタリアとの間で結ばれた農業分野におけるゲストワーカープログラムに関する協定を皮切りとして、その後、スペイン、ポルトガル、ギリシャ、ユーゴスラビアなど7カ国にまで拡大した。労働政策研究・研修機構の資料では、１９６５年までにこれらの国からの労働者受け入れは１００万人にのぼったという。その背景として１９６１年にベルリンの壁が築かれ、東ドイツからの新規労働力の流入が途絶えたことなどが労働力の供給不足に拍車をかけ、ゲストワーカーが増加したとしている。

外国人受け入れにあたり、ドイツ政府はローテーション方式（受け入れ期間を有期とし順繰りに交代させる方式。受け入れ期限は当初1年だったが、後に2年に延長された）を採用し、受け入れた外国人労働者は基本的に帰国すべき者とされていた。

しかし、外国人労働者を受け入れた雇用主側の要請などにより、就労・滞在期間は長期化していった。[6] 第一次石油ショック後、ドイツ政府はそれまでの政策を転換し、外国人労働者の利用を極力制限する措置をとり、１９７３年には国外からの外国人労働者受け入れを原則的に停止した。それでも、例外措置による受け入れは続いた。また、受け入れ労働者の帰国は進まず、むしろ残留労働者の家族呼び寄せなどにより、外国人労働者とその家族等は緩やかな増加を続けた。

このようにして、ドイツには多くの外国人労働者が移民として定住することになったが、ドイツは長い間、みずからを「移民社会」とは認識しておらず、これらの移民をドイツ社会に統合するための政策が必要とも考えていなかったという。[7]

しかし、いずれは送出国に帰っていく有期の労働者との位置づけであったはずのゲストワーカーの多くは、トルコ系を中心にドイツに定住し、その子供や孫の世代も誕生してしまった。ドイツ政府は１９８０年代にはこれらの定住移民に対して、帰国奨励策を打ち出したが、効果が十分でないまま、定住移民の第2世代、第3世代が生まれていく。彼らは教育水準が相対的に低く失業率が高いため、所得水準も低いという問題を抱えていた。

他方でドイツ人の間では少子高齢化が進行した。１９７２年以降は人口自然減の状態が継続する。そうした中で、ドイツの移民政策は１９９８年の政権交代を機に「移民をドイツ社会により良く適合させ」「国外から高技能人材を積極的に呼び込む」ことの二つを軸とするかたちに転換されていった。ドイツ政府は、２００１年に政府から独立した諮問委員会（ジュスムート委員会）を発足させる。同委員会は、「外国人労働政策と社会統合政策を組み合わせた包括的かつ戦略的政策が必要」とした報告書を提出、政府はこれを受け新しい外国人労働法の策定に着手し、２００４年7月、Zuwanderungsgesetz（ZuwG：滞在法およびEU連合移動自由法、入国管理法、滞在法、移民法などさまざまに訳されている）が成立、翌２００５年1月から施行された。労働政策研究・研修機構の資料は、ZuwGにより「ワンストップ・ガバメント」原則が導入され、外国人は「滞在許可」と「就労許可」という二つの申請手続きを別々に行う必要がなくなった、という点を強調している。

また、外国人がドイツに滞在したり、就労したりする際の規則が簡素化されると同時に、移民をドイツ社会に統合させるための政策に力を入れることが明確化された。「統合」実現のために重視されているのは、一定のドイツ語能力、「自由と民主主義」というドイツの価値観の尊重、ドイツの歴史や選挙制度などに対する理解、信教の自由の尊重などである。また、ドイツ語習得に加え、住まい探し、子供の学校の手続き、医療機関のあっせんなども含めた外国人の移住者・定住者に対する支援体制が強化された。

このように、ドイツは労働力としてドイツ経済に組み込まれ不可欠の存在となった移民の社会統合を目指したが、それは十分実現してきたのだろうか。前述の社会的影響についてのいくつかの視点から検討してみよう。

（2） 統合コースによるドイツ言語・ドイツ文化習得の難航[8]

2005年1月にZuwGが施行され、具体的な政策として、ドイツ語能力が不十分な移民に対しては「統合コース」参加の義務を負わせることが定められた。これによってドイツ社会からの孤立化を防ぎ、移民をドイツに統合することが目的である。

この統合コースはドイツ語コース（Deutschkurs）とオリエンテーションコース（Orientierungskurs）の二部構成で、ドイツ語コースに割り当てられる時間が大きく、言語習得が統合コースの大きな柱をなすが、ドイツ語コース修了後に実施されるオリエンテーションコースもドイツの法律、歴史、文化、価値規範を習得するための重要なカリキュラムとされている。

しかし、統合コース開始直後から統合コースの不参加とドロップアウトの問題、統合コース修了者のドイツ語能力不足の問題が指摘されることになった。２００５年は６万７８３名に統合コースが義務づけられていたが、実際に参加したのは３万２５９６名にとどまり、２００５年だけですでに約３万人の不参加者を出し、２００５年と２００６年両年の総参加者数35万９００４７人のうち、約３割に当たる10万７８７９人しか統合コースを修了していなかったという。

その理由として、小林（２００９）では、日常生活の中でドイツ語を必要としない人にとっては、統合コース参加の理由を実感することは難しい。ベルリンのクロイツベルク（Kreuzberg）やヴェディング（Wedding）のような移民集住地域では、子どもの教育から買い物、病院、出産までトルコ語が通じるため、ドイツ語が話せなくとも日常生活をするうえで不自由はない、とされ「統合コース以外でドイツ語を使用することはない」「クロイツベルクに住んでいる限りはドイツ人とかかわる機会がないので、トルコ語だけで十分」「何かあった時には同胞が助けてくれる」といった移民の発言が引用されている。日常生活の中でドイツ語の必要性がまったく感じられない参加者にとって、統合コースの目的は共有されづらい。そして、この論文は社会から周縁化されている移民を統合し、構成員として社会に取り込んでいくことは重要だが「われわれの国に住みたいのなら言語、文化を習得すべきである」というホスト社会側の高圧的な姿勢は、移民が移住先を選択するという現代においては時代錯誤、と指摘している。

（3） ドイツにおける外国人犯罪の多発[9]

ドイツでは、外国人移民の増加によって犯罪比率も高まったのだろうか。労働者としてドイツに移住してきた人々と、難民としてドイツを目指した人では、生活の困窮度も異なるから、犯罪比率が異なる可能性があるので、ここでは、欧州難民危機以前の状況をみておこう。

法務省・法務総合研究所「外国人犯罪に関する研究」によれば、ドイツの外国人人口は、1961年（旧西ドイツ）の約68万6200人から、2011年には736万9900人になったとしている。この結果、全人口に占める外国人の比率を見ると、1961年の1・2％から2011年には9・0％になっている。[10] 2011年の外国人人口の構成比を国籍別で見ると、トルコが最も多く、外国人全体の23・2％を占めており、次いで、イタリア（7・5％）、ポーランド（6・8％）、ギリシア（4・1％）の順だった。

次に、犯罪を代表する指標として受刑者数をとってみる。2011年の外国人受刑者[11]は1万3232人、総数に占める外国人受刑者の比率は22・8％（男子は23・2％、女子は16・5％）であるという。また、2011年単年でなく、2011年までの10年間の外国人受刑者の比率を見ても、おおむね21～23％の間で推移している。

外国人比率が9％であるのに、受刑者比率が20％を超えている、という点からみてドイツにおける外国人受刑者の比率は相当に高い。[12] 国籍等別で見ると、トルコが最も多く（18・4％）、次いで、ポーランド（7・5％）、ルーマニア（6・5％）、イタリア（4・5％）の順で外国人人口の比率にほぼ沿っている。

「外国人犯罪に関する研究」の執筆者は、ドイツ連邦司法省を訪問し、収容人員に占める外国人の比率が総人口に占める外国人の比率よりも高いことの背景や要因について、行政サービス・保護サービス法令関係担当の課長にインタビューし、「確定的なことは言えないが、犯罪の背景・要因として一番大きいのは、言語、文化、経済的事情、法的な立場のちがい等の問題からドイツ社会に統合することが十分にできていない外国人が多いことがあると考えられる」との説明を受けた、としている。やはり、統合の失敗が犯罪率の高さに結びついてきたことは否めない。

（4）ドイツにおける国際結婚の潮流

移民社会である米国については、「人種の坩堝」という表現がしばしば用いられてきた。それぞれの文化が互いに溶け合い混じり合って同化し、結果として一つの独特な共通文化を形成していく、ということになろうが、こうした同化の一番の近道は、国際結婚である。ドイツでの国際結婚はどのようになっているのだろうか。

オルガ・ノットマイヤー（ドイツIZA労働経済学研究所）の論文には[13]、国際結婚についての統計が含まれている。以下では、その中での国際結婚の「国籍による定義」による統計を引用する。国籍による定義は、ドイツ国民とドイツ国籍を持たない人との結婚を指す。たとえばドイツ国民の女性と、トルコ国籍ドイツ生まれのトルコ人の青年の結婚は国際結婚に当たる。

国籍によって移民を分類し、国際結婚を定義するのは技術的に簡単でわかりやすい。しかし、話が複雑になるのは、ドイツ国籍を持たない移民が帰化するような場合である。この場合には、この定義の国際結婚にあてはまらない。言い換えれば、この定義による婚姻の状態（国際結婚か内婚か）は安定的ではない。さらに、この分類による国際結婚は、たとえば、帰化したトルコ移民と帰化していないトルコ移民の間の結婚も国際結婚として含んでしまう、などの問題がある。このため、国際結婚の代替的な定義としては、移民歴のない人（すなわちドイツ生まれのドイツ人）と移民歴のある人との婚姻関係による定義、というものもある。

ただし、この定義による国際結婚統計は、２００５年以降しか利用できない。ノットマイヤーは、両方を紹介しているが、前述のように、ここでは前者の定義による国際結婚の状況（難民問題が深刻化する以前の２００８年までのストック統計）を引用する。

タイ人女性とドイツ人男性との国際結婚率の高さ

表４－１と表４－２の二つの表における国際結婚率の高さで、とりわけ顕著なのは、タイ人女性のドイツ人男性との結婚比率の高さである。ノットマイヤーはこの点についてはコメントしていない。しかし、２０１７年にベルリンのフンボルト大学に提出されたタイ国大使館員の博士論文(14)は、豊富な文献を引用しながら、その間の事情を説明している。この点は、後の章で、日本の国際結婚状況と対

表４－１　2008年における国籍別国際結婚ストック（外国人女性とドイツ人男性）

国籍（主要分）	外国人女性数（人）	うち既婚者（人）	ドイツ人との結婚（人）	国際結婚比率（%）
タイ	47,030	32,148	26,210	81.5
ロシア	114,488	67,455	41,961	62.2
ルーマニア	52,220	26,918	14,886	55.3
ポーランド	203,924	106,473	58,342	54.8
オーストリア	82,877	43,391	19,947	46.0
ウクライナ	77,434	40,472	16,225	40.1
オランダ	59,761	31,619	11,153	35.3
クロアチア	114,258	63,810	10,396	16.3
ボスニアヘルツェゴビナ	76,011	41,173	5,965	14.5
セルビア	66,024	31,189	3,819	12.2
イタリア	214,993	98,671	11,629	11.8
トルコ	799,367	452,747	31,155	6.9
ギリシャ	131,185	64,204	3,519	5.5
合計	3,284,295	1,695,867	471,984	27.8

（統計出所）Central Register of Foreigners（AZR）, 2008.
（出典）Nottmeyer（2009）

表４－２　2008年における国籍別国際結婚ストック（外国人男性とドイツ人女性）

国籍（主要分）	外国人男性数（人）	うち既婚（人）	ドイツ人との結婚（人）	国際結婚比率（%）
ロシア	73,765	40,500	20,430	50.44
米国	56,972	25,768	12,752	49.49
英国	59,177	24,791	10,468	42.23
オーストリア	92,557	38,819	15,449	39.8
オランダ	73,236	31,699	10,718	33.81
イタリア	308,169	110,999	25,096	22.61
セルビア	70,128	29,569	4,753	16.07
ポーランド	189,924	82,764	12,243	14.79
ボスニアヘルツェゴビナ	80,793	40,345	5,812	14.41
クロアチア	108,798	49,151	6,583	13.39
トルコ	889,003	405,755	52,049	12.83
ポルトガル	62,291	24,555	2,072	8.44
ギリシャ	156,002	63,168	5,010	7.93
合計	3,443,323	1,427,183	309,757	21.7

（統計典拠）Central Register of Foreign Population（AZR）, 2008.
（出典）Nottmeyer（2009）

比するうえでも役立つと思われるので簡単に紹介しておく。

タイの女性のドイツへの移住の増加にはいくつかの要因があったが、大多数のタイ女性は、田舎出身、それも明らかに最も貧しい北部ないし北東部の出身である。ドイツに渡る以前の時点では、義務教育である初等教育が終わるとすぐ、仕事を求めてバンコクのような大きな都市に移住するか、パタヤ・ビーチなどの観光地に移り売春などにより生計を立てていたという。

国際的に移住した女性の大多数は離婚経験があるかシングルマザー、またはその両方である。これらの経験は伝統的な価値観を信奉するタイ人男性との再婚を困難にしていた。これらの女性自身も、自分たちは結婚に値する価値を失ったと感じてしまい、それがドイツで風俗産業へ就業したり、外国人と結婚する動機となった、としている。また、夫または両親から逃れるために出国し、シングルマザーとして、また両親のために送金できるだけの収入を得ることへの期待も重要な役割を果たした。

国際的な人身売買ネットワーク、および知人からの友好的援助がタイとドイツの両方からもたらされる。ドイツでは、風俗営業で、あるいはウェイトレス、リンゴの収穫作業、清掃作業でも稼げる、より良い暮らしが得られる、と教えられ、あるいは欺かれて、彼女たちはタイからドイツへの移民を決断することになる。

他方、これらの人たちの受け入れ窓口であるエージェントは、アジア人女性についてのドイツの男性の固定観念――誠実、従順、隷属的など――をことさら鼓吹して、タイ人女性をドイツ人男性にとって魅力的な結婚相手に仕立てた。ほとんどのエージェントはタイ人で、ドイツ人と結婚していたという。

1989年から1990年に入国管理規則が変更される前は、彼女たちは芸術的ビザにより、キャバレーダンサーとしての雇用を含む文化的なパフォーマーとしてドイツに入国することができた。典型的には彼らのビザ申請手続きを行ったエージェントの手助けを受け、タイの女性は芸術的ビザを利用してドイツに入国し、風俗産業で働いた。それでも雇用のためのビザの取得はタイ国民にとって困難であったため、女性は他の職業、具体的には料理人やアーティスト／パフォーマーに偽装し、また、ドイツへの入国を容易にするためにドイツの男性との偽装結婚に金を支払った人もいたという。

トルコ人とドイツ人との国際結婚率の低さ

その他の国で特徴的なのは、外国人男性との国際結婚におけるロシア、米国、イギリス男性の国際結婚率の高さであるが、ノットマイヤーは、これらの国の軍隊が同盟国としてドイツに駐留してきたことの影響を指摘している。

国際結婚率が低い国としてはトルコが挙げられる。トルコは最大のドイツへの移民送出国であり、帰化したトルコ移民と帰化していないトルコ移民の間の結婚も国際結婚とされてしまうことで国際結婚率が高くなる統計的バイアスも含んでいるはずだが、それでも、男女ともトルコ人とドイツ人の国際結婚率はきわめて低く、婚姻による同化が進んでいないことが見て取れる。トルコはイスラム教の国であり、宗教のちがいが結婚による同化を阻んでいる一因になっていることは容易に想像できる。

3　ディアスポラ問題と宗教対立による軋轢

移民の同化に関連してディアスポラの問題に触れておく。

ディアスポラとは「出身国に対する強い親近感を持った移民集団一般」を指す言葉、とされている。[15] 移民が、親族がいるであろう自身の出身国に強い親近感を持ったり、その政治に関心を持つことは当然であるが、それが、非常に強い場合、送出国とホスト国との関係に影響を与えるし、場合によってはホスト国の社会や政治にも影響を与え得る。

ディアスポラが欧州、とりわけドイツにとって脅威になり得るわかりやすい例として、英国のジャーナリストであるダグラス・マレーが自著の中で紹介している例を挙げておこう。それは2008年にケルンで開かれたある集会におけるレジェップ・タイイップ・エルドアン（現大統領、当時首相）の発言である。エルドアンは、ドイツ、ベルギー、フランス、オランダからケルンの集会に集まった2万人のトルコ人にこう呼びかけたという。以下はマレーの著書からの引用である。[16]

「君たちが同化に反対していることは、私もよく理解している。君たちが同化するなどとは誰も期待するべきではない。同化は人道に対する罪だ」それでいて、彼は聴衆に、ドイツの政治にかかわり、影響力を手に入れるべきだ、と訴えた。そうすれば、欧州にいる500万人のトルコ人がただ他の「ゲスト」ではなくなり、「憲法上の力」を振るえるだろうからと。

世論調査ではあまり意識されていないが、ディアスポラの問題は、日本についても潜在的に大きな懸念になり得る。日本は近隣国と歴史問題・領土問題を抱え、近隣国の政府や世論と激しくぶつかり合う、という局面が今日でもしばしば存在しているからだ。

なお、マレーは、著書全体で、イスラム教の異質性により欧州各国市民の間で反移民感情が高まりつつある、としている。反移民・イスラム教批判は「危険思想」であり政治的タブーだったが国民感情とは乖離し、それがむしろ極右の台頭を招いている、と指摘する。

ドイツについてはその具体的証拠として、２０１２年にドイツで行われたある世論調査を挙げている。回答者の64％がイスラム教を暴力と結びつけ、70％が狂信主義や過激主義と結びつけていた。開放性や寛容、人権の尊重などと結びつけていたのは、ドイツ人の７％のみだったという。(17)また、別の調査では「イスラム教はドイツになじまない」と回答したドイツ人は、２０１０年には半数以下の47％だったが、２０１６年５月には60％にまで上昇しており、一貫して右肩上がりだ、としている。

４　多文化アプローチの失敗を認めたメルケルの演説

ドイツで反移民感情が高まる中、２０１０年10月、アンゲラ・メルケル首相はポツダムで、その後しばしば引用されるようになる有名な演説を行った[18]。

メルケルは「1960年代初頭、私たちの国はドイツに来るように外国人労働者を呼び、今や彼らは私たちの国に住んでいます」「私たちはしばらく自分たちを誤魔化していました――『彼らはとどまることはなく、いつか彼らは去るだろう』と。しかし、現実はそうではありませんでした」「そしてもちろん、多文化社会を構築し、隣り合って生活し、お互いの存在を楽しむことを企図した多文化アプローチは失敗しました。まったくの失敗でした」。

この演説の中で、メルケルは、ドイツで多文化社会を構築しようとする試みはまったく失敗した、と率直に認めた。だが、同時に「しかし、ドイツは移民を歓迎する」とも述べた。

多文化社会の構築に失敗しても、移民を歓迎し続ける理由は何だろうか。一つは人口自然減が続くドイツは、もはや移民抜きでは回らないことだ。それだけに多くの経済人は、移民労働者の存在を高く評価し、メディアが過度に反移民を煽っている、と反発しているようである。ただ、メルケルの姿勢は、ボージャスの「ほとんど成功の機会のない多くの外国人に希望と新たな人生を提供するという歴史的に重要な役割を担う国」を目指す、という点で、ホスト国のためでなく移民のための移民政策、という崇高な理想主義とも重なり合う。しかし、ボージャスも指摘するように、そうした人道的な政策で「最も社会的に弱い立場の人が犠牲になる」とすれば、メルケルがその犠牲を求めることができる根拠は何だろうか。マレーは、その著書の中で、欧州に色濃い歴史的罪悪感にたびたび触れている。しかし、過剰な罪悪感が欧州を破滅に導きつつある、とも主張しているのである。

【第４章注および参考文献】

（１）ボージャス（２０１８）18ページ。
（２）ボージャス（２０１８）２１５ページ。
（３）https://survey.gov-online.go.jp/h16/h16-foreignerworker/2-2.html
（４）ディアスポラ問題については、前掲田所（２０１８）で詳しく解説されている。
（５）以下この項におけるドイツのゲストワーカー制度についての説明は主に労働政策研究・研修機構（ＪＩＬＰＴ）資料シリーズ№１３９ https://www.jil.go.jp/institute/siryo/2014/documents/0139_01.pdf に依拠している。
（６）後年、日本でも団体管理型技能実習制度における実習生の受け入れ企業から、当初1年の実習生滞日期間の延長要望が出され実現している。前掲上林（２０１５）第4章１３５ページ。
（７）山崎加津子「ドイツ：移民政策転換から15年」大和総研『移民レポート』３、２０１４年11月18日。
（８）この項の記述は、主に小林薫（２００９）「ドイツの移民政策における「統合の失敗」」『ヨーロッパ研究』８、１１９―１３９ページに依拠している。
（９）この項の記述は、主として法務省・法務総合研究所「外国人犯罪に関する研究」『研究部報告53』２０１４年による。
（10）ドイツでは、外国籍の者に加えて、ドイツ国籍は有するが本人の両親は移民である者、旧ソ連からの帰還者等を含めて「移民を背景に持つ者」という概念も採用されている。この「移民を背景に持つ者」に属する人々でみると、２０１０年で約１５７０万人とドイツの全人口の19・３％を占めている。
（11）無国籍の者を含む。また、移民を背景に持つ外国人であってもドイツ国籍を有している者を除く。以下同じ定義による。
（12）２０１２年における外国人検挙人員について、その中に占める外国人の比率を年齢層別に見ると、14歳未満で15・７％、

14歳以上18歳未満で18・9％、18歳以上21歳未満で22・0％、21歳以上で25・2％となっており、成人のほうが少年よりも高い比率となっている。ただし、成人のうち、60歳以上の高齢者に限っては、11・5％と少年より低い比率となっている。

検挙人員中に占める外国人の比率が高い犯罪類型を見ると、外国人特有の移民法や難民認定法等を除けば、性的搾取目的での人身取引（67・2％）、コカインの密輸入（65・4％）、すり（64・7％）、賭博（54・6％）で比率の高さが目立つほか、文書偽造（36・3％）、加重窃盗（30・8％）、強盗（30・6％）、強姦および性行為の強要（29・3％）も高い。

(13) Nottmeyer, Olga（2009）"Wedding Bells Are Ringing: Increasing Rates of Intermarriage in Germany," October 1. www.migrationpolicy.org/article/wedding-bells-are-ringing-increasing-rates-intermarriage-germany

(14) von Woramon Sinsuwan（2017）"Thai Marriage Migrants in Germany and Their Employment Dilemma after the Residence Act of 2005," Dissertation doctor philosophiae（Dr.phil.）October13.

(15) 田所（２０１８）２１３ページ。田所（２０１８）には、いろいろなタイプのディアスポラ問題が詳細に解説されている。

(16) Murray, Douglas（2017）*The Strange Death of Europe: immigration Identity, Islam*. Continuum Intl Pub Group（前田敦夫訳『西洋の自死』東洋経済新報社、２０１８年12月）. 引用は邦訳２４３―２４４ページによる。

(17) マレーが原典として挙げているのは、２０１２年11月のアレンスバッハ世論調査研究所の調査である。

(18) 引用原文はＢＢＣニュース２０１０年10月17日配信記事 "Merkel says German multicultural society has failed" https://www.bbc.com/news/world-europe-11559451 による。

第5章　移民の社会的影響——日本の現状

ドイツの事例でみてきたように、移民は経済的影響のみならず、大きな社会的影響ももたらし得る。ドイツで起きたことは、そのまま日本にあてはまるのだろうか。その社会的影響はどのように考えるべきだろうか。

そのことを考える前提として、日本への外国人労働者はどこから来ているのか、それはどのように変わってきたか、についてみておこう。これまで何度か強調したように、移民は、「無色透明な労働力」ではなく、育った環境・文化に強い影響を受けた人間だからだ。

1　外国人労働者はどこから日本に来ているのか

2009年10月末の状況

数年前まで外国人労働者ないし移民による人口減少の抑止は、日本ではまったく非現実的にみえた。当時の「非現実性」を説明するために、「外国人雇用状況」という統計で2009年10月末時点

図5－1　2009年10年末時点の国籍別外国人労働者数

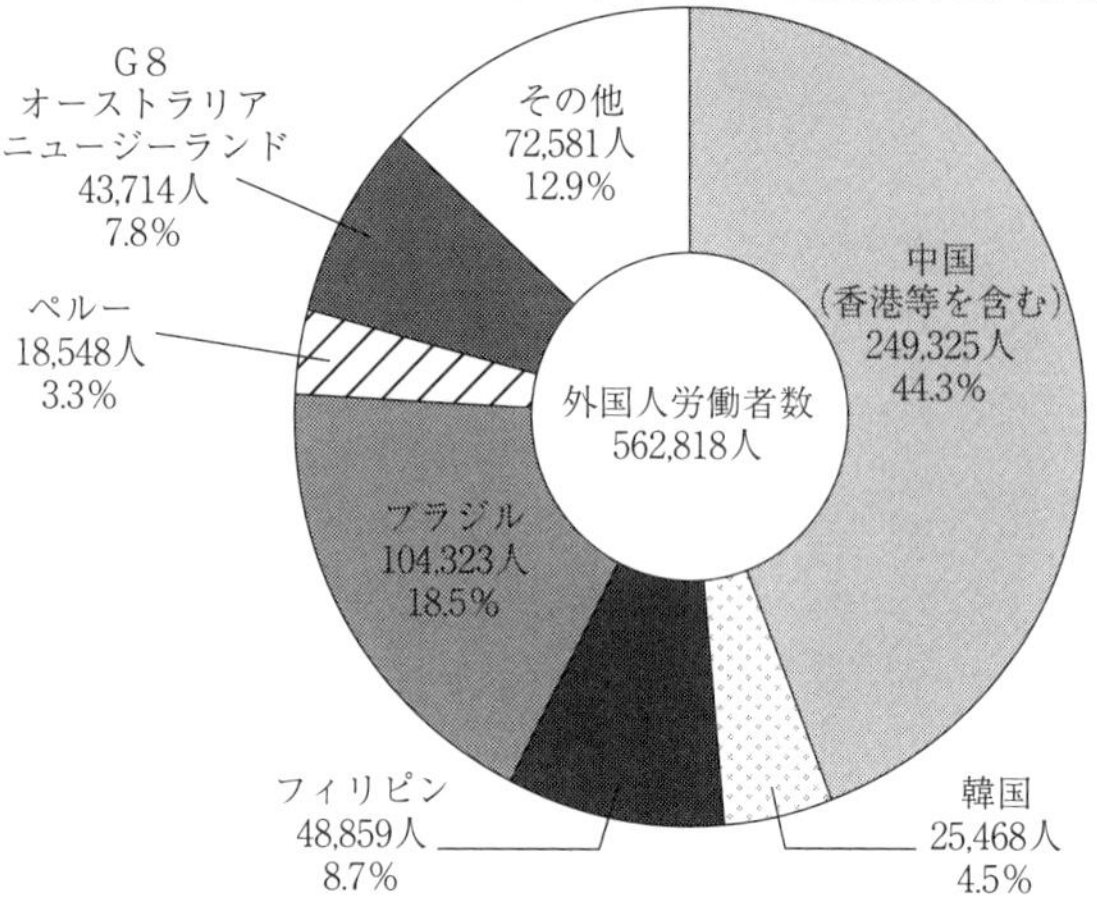

（出所）厚労省　平成21年「外国人雇用状況」

の外国人労働者数を出身国別にしたグラフを眺めてみよう（図5－1）。

この時点で、外国人労働者の出身国としては、中国が5割近く、日系人の多い南米が2割強のプレゼンスでフィリピンがこれに続いている。当時は、中国のプレゼンスが圧倒的に大きかった。中国だけに依存する傾向がこれほど著しいと、外国人労働者の増加による人口減少の歯止めを展望するのは難しい。

もっとも、日系人主体のブラジル、ペルーの2カ国からの労働者が2割を超えているので、一見、南米からの外国人労働者が増えることによって中国への一国依存を緩和できるようにみえる。しかし、中国には14億人近い人口があるが、日系人総数は南米に限らず世界全体で見てさえ少ない。

日本国籍を保持していない日系人数の公的統計

は存在せず、正確な把握は難しいが、公益財団海外日系人協会のウェブサイト(1)では、海外日系人(2)の推定人口を公表している。これによると日系人は、２０１７年現在で約３８０万人、うち１５４万人がハワイを含む米国在住者としている。この数は香港（約７３４万人　２０１６年）の半分、米国在住者を除くと三分の一にすぎず、「伸びしろ」がきわめて限られる。

したがって、２００９年の外国人労働者の人口構成を延長すると中国への依存拡大は避けられないことになる。しかし、２０１０年９月には尖閣諸島での漁船衝突事件があり、その後、２０１２年９月の尖閣諸島の国有化では中国国内の多くのメディアが尖閣国有化をめぐって大々的な対日批判を展開し、日中関係は緊迫化した。中国各地では抗議活動が発生し、一部のデモ参加者が暴徒化し、日系関連の商店や工場の破壊や略奪、放火まで起きた。歴史問題と領土問題を抱え、地政学的にも緊張が高まりやすい日中関係の中で、中国人労働者が大規模に定住し、日本の人口動態に大きなインパクトをもたらすことを許容するような移民受け入れは国民的合意にはなりにくい。

２０１８年10月末の状況

ところが２０１８年10月末時点の統計をみると、外国人労働者の出身国は短期間に激変していることに気づかされる。中国出身者の比率は27％にまで激減する一方、図５－１の２００９年時点では国名が登場していないベトナムが、９年後には22％にまで上昇している。フィリピンは11％とマイルドな増加だが、ネパールも６％と、中南米のペルーの倍の比率にまで急上昇している（図５－２）。

図５－２　2018年10月末時点の国籍別外国人労働者数

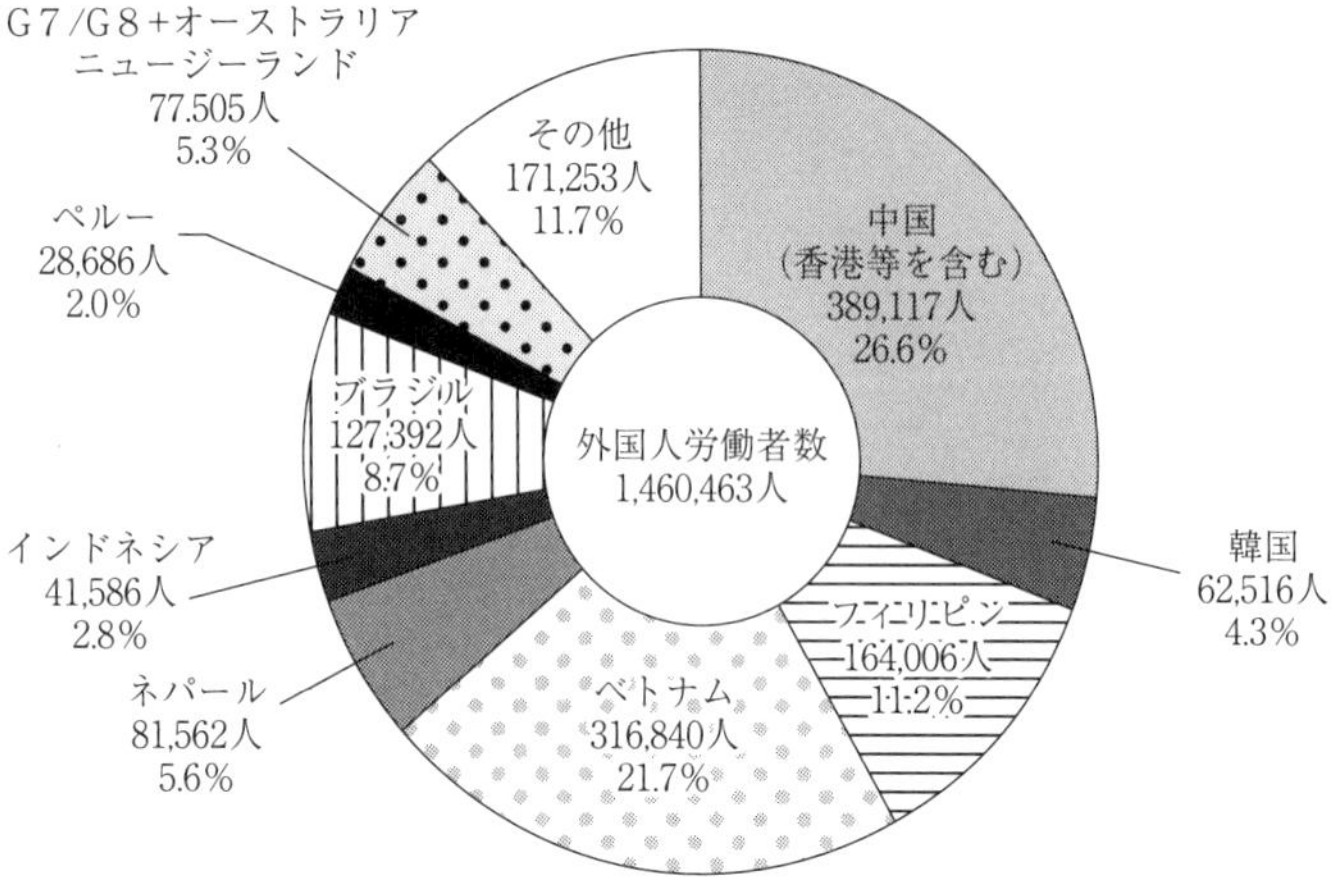

（注）円グラフの項目の順番は、表５－１の項目（国籍）の順番に対応。
（出所）厚労省　平成30年「外国人雇用状況」

国籍別をさらに在留資格別にまで細分化してみると、中国がトップを維持しているのは、専門的・技術的分野の在留資格を持つ人および永住者など身分に基づく在留資格が多い。

これまで、中国人が首位だった技能実習生、資格外活動（主として留学生のアルバイトの形態をとる）のいずれでも、２０１８年にはベトナムがすでにトップになっている。ネパールは資格外活動の伸びが著しい。

海外日系人が推定３８０万人とされるのに対し、２０１８年のベトナム人口は９４６７万人、２０１６年のネパール人口は２８９８万人に達し、合計で１億２千万人強と、日本人人口をわずかに上回る[3]。人口規模だけでなく、今後の人口動態でみても「伸びしろ」が大きい。中国は、すでに高齢化が始まっているのに対し、国連推計ではベトナムでは２０４０年頃、ネパールでは、２０

表５－１　国籍別・在留資格別・外国人労働者数

平成30年10月末現在

（単位：人）

	総数	①専門的・技術的分野の在留資格		②特定活動	③技能実習	④資格外活動		⑤身分に基づく在留資格					⑥不明
		計	うち技術・人文知識・国際業務			計	うち留学	計	うち永住者	うち日本人の配偶者等	うち永住者の配偶者等	うち定住者	
全国籍計	1,460,463	276,770 （19.0%）	213,935 （14.6%）	35,615 （2.4%）	308,489 （21.1%）	343,791 （23.5%）	298,461 （20.4%）	495,668 （33.9%）	287,009 （19.7%）	89,201 （6.1%）	13,505 （0.9%）	105,953 （7.3%）	130 （0.0%）
中国（香港等を含む）	389,117 [26.6%]	103,237 （26.5%）	86,809 （22.3%）	4,660 （1.2%）	84,063 （21.6%）	93,315 （24.0%）	78,473 （20.2%）	103,827 （26.7%）	70,733 （18.2%）	17,833 （4.6%）	5,258 （1.4%）	10,003 （2.6%）	15 （0.0%）
韓国	62,516 [4.3%]	27,893 （44.6%）	24,434 （39.1%）	3,138 （5.0%）	85 （0.1%）	8,564 （13.7%）	7,463 （11.9%）	22,828 （36.5%）	16,003 （25.6%）	5,232 （8.4%）	451 （0.7%）	1,142 （1.8%）	8 （0.0%）
フィリピン	164,006 [11.2%]	9,827 （6.0%）	6,532 （4.0%）	5,073 （3.1%）	29,875 （18.2%）	2,098 （1.3%）	1,516 （0.9%）	117,125 （71.4%）	68,554 （41.8%）	17,416 （10.6%）	2,570 （1.6%）	28,585 （17.4%）	8 （0.0%）
ベトナム	316,840 [21.7%]	31,979 （10.1%）	28,860 （9.1%）	4,570 （1.4%）	142,883 （45.1%）	124,988 （39.4%）	120,739 （38.1%）	12,405 （3.9%）	5,861 （1.8%）	2,539 （0.8%）	1,160 （0.4%）	2,845 （0.9%）	15 （0.0%）
ネパール	81,562 [5.6%]	9,041 （11.1%）	6,083 （7.5%）	3,573 （4.4%）	399 （0.5%）	64,875 （79.5%）	44,541 （54.6%）	3,665 （4.5%）	1,875 （2.3%）	849 （1.0%）	400 （0.5%）	541 （0.7%）	9 （0.0%）
インドネシア	41,586 [2.8%]	3,766 （9.1%）	2,509 （6.0%）	3,020 （7.3%）	24,935 （60.0%）	4,431 （10.7%）	4,196 （10.1%）	5,434 （13.1%）	2,682 （6.4%）	1,388 （3.3%）	123 （0.3%）	1,241 （3.0%）	0 （0.0%）
ブラジル	127,392 [8.7%]	863 （0.7%）	540 （0.4%）	42 （0.0%）	105 （0.1%）	217 （0.2%）	179 （0.1%）	126,162 （99.0%）	61,208 （48.0%）	17,380 （13.6%）	1,033 （0.8%）	46,541 （36.5%）	3 （0.0%）
ペルー	28,686 [2.0%]	97 （0.3%）	51 （0.2%）	22 （0.1%）	54 （0.2%）	72 （0.3%）	62 （0.2%）	28,440 （99.1%）	18,958 （66.1%）	1,543 （5.4%）	746 （2.6%）	7,193 （25.1%）	1 （0.0%）
Ｇ７／８＋オーストラリア＋ニュージーランド	77,505 [5.3%]	45,427 （58.6%）	24,968 （32.2%）	1,785 （2.3%）	68 （0.1%）	2,525 （3.3%）	1,951 （2.5%）	27,671 （35.7%）	14,344 （18.5%）	12,421 （16.0%）	215 （0.3%）	691 （0.9%）	29 （0.0%）
うちアメリカ	32,976 [2.3%]	20,431 （62.0%）	9,777 （29.6%）	102 （0.3%）	31 （0.1%）	710 （2.2%）	510 （1.5%）	11,675 （35.4%）	6,180 （18.7%）	5,111 （15.5%）	84 （0.3%）	300 （0.9%）	27 （0.1%）
うちイギリス	12,236 [0.8%]	7,260 （59.3%）	4,197 （34.3%）	267 （2.2%）	2 （0.0%）	213 （1.7%）	171 （1.4%）	4,493 （36.7%）	2,427 （19.8%）	1,982 （16.2%）	21 （0.2%）	63 （0.5%）	1 （0.0%）
その他	171,253 [11.7%]	44,640 （26.1%）	33,149 （19.4%）	9,732 （5.7%）	26,022 （15.2%）	42,706 （24.9%）	39,341 （23.0%）	48,111 （28.1%）	26,791 （15.6%）	12,600 （7.4%）	1,549 （0.9%）	7,171 （4.2%）	42 （0.0%）

（注）１．［　］内は、外国人労働者数総数に対する当該国籍の者の比率。（　）内は、国籍別の外国人労働者総数に対する当該在留資格の外国人労働者数の比率を示す。

２．在留資格「特定活動」（②）は、ワーキング・ホリデー、外交官等に雇用される家事使用人等の合計。

（出典）厚労省　平成30年「外国人雇用状況」

50年頃が生産年齢人口比率のピークと予想されているからである（図5－3、5－4、5－5）。

出身国構成の多様化と外国人材をめぐる日本政府の方針転換

こうした急激な外国人労働者出身国の構成変化、とりわけベトナムの躍進は、人手不足に悩む中小企業からの切実な要請と相まって、日本政府の方針転換を強く後押ししたであろうことは想像に難くない。

このことは安倍首相が2018年10月の所信表明演説における入国管理法改正に関連して特にベトナムに言及したことでも窺《うかが》われる。この所信表明演説(5)で、外国人材にかかわる部分は人手不足の説明やAIの活用などの前段を含めても20行程度、核心部分は、以下の10行にすぎないが、そのほぼ半分が、日本の中小企業で働くベトナム人青年についての故クアン・ベトナム国家主席との会話の追想に充てられている。

> 一定の専門性・技能を有し、即戦力となる外国人材を受け入れる。入国管理法を改正し、就労を目的とした新しい在留資格を設けます。出入国在留管理庁を新たに設置し、受け入れ企業の監督に万全を期します。社会の一員として、その生活環境の確保に取り組んでまいります。さらに、日本人と同等の報酬をしっかりと確保いたします。

図５－３　国連による2100年までの長期将来人口推計：中国[(4)]

総人口の年齢グループ別構成

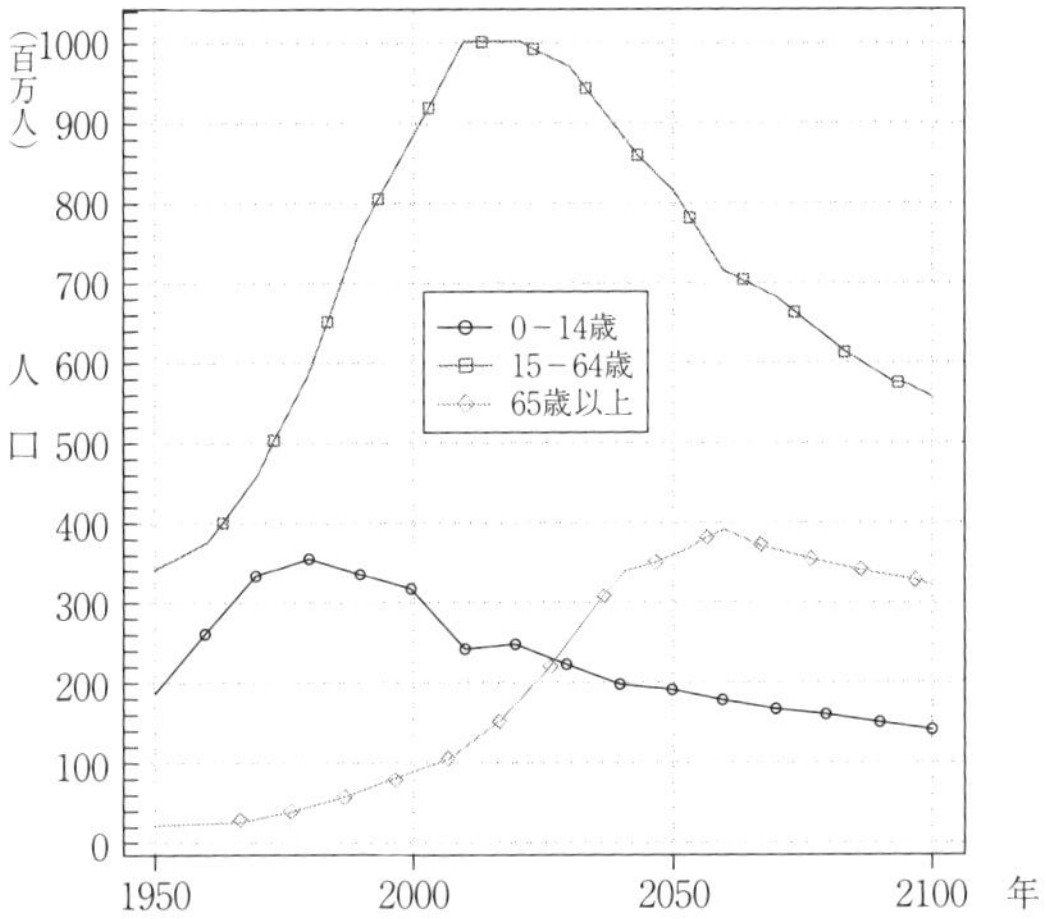

図５－４　国連による2100年までの長期将来人口推計：ベトナム

総人口の年齢グループ別構成

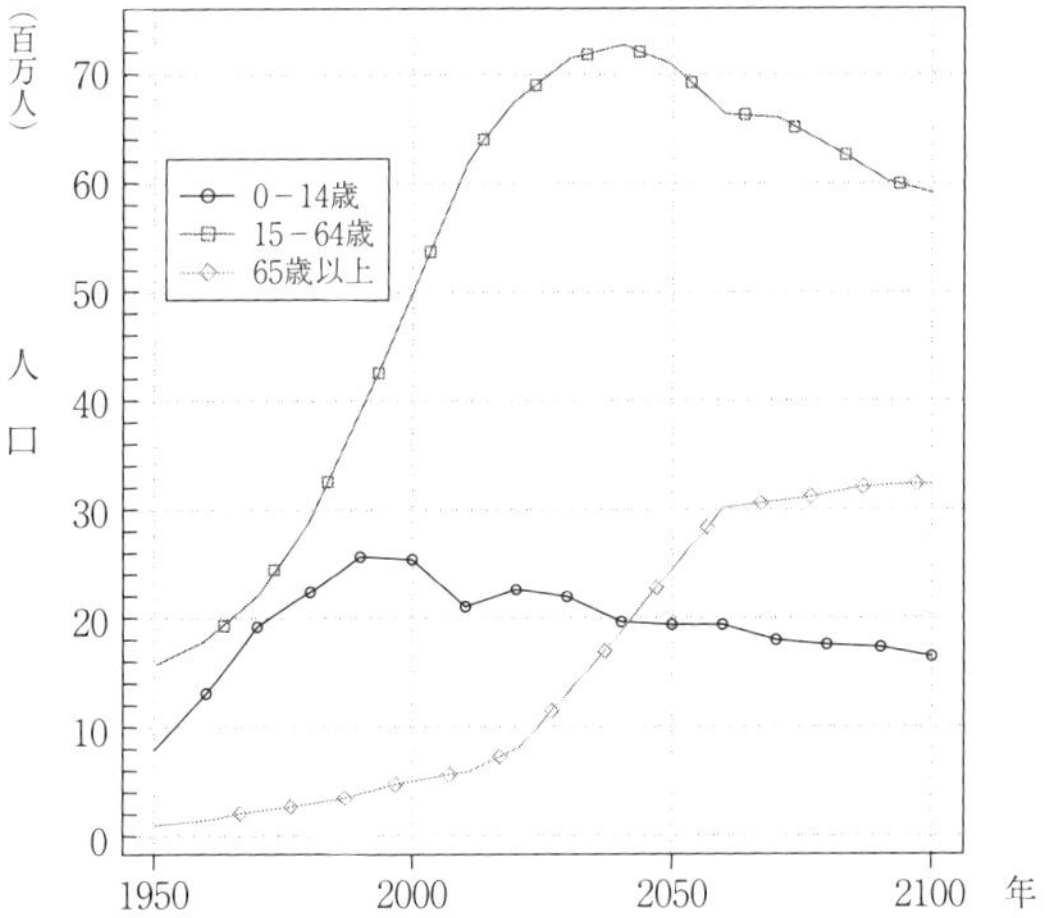

図5－5　国連による2100年までの長期将来人口推計：ネパール

総人口の年齢グループ別構成

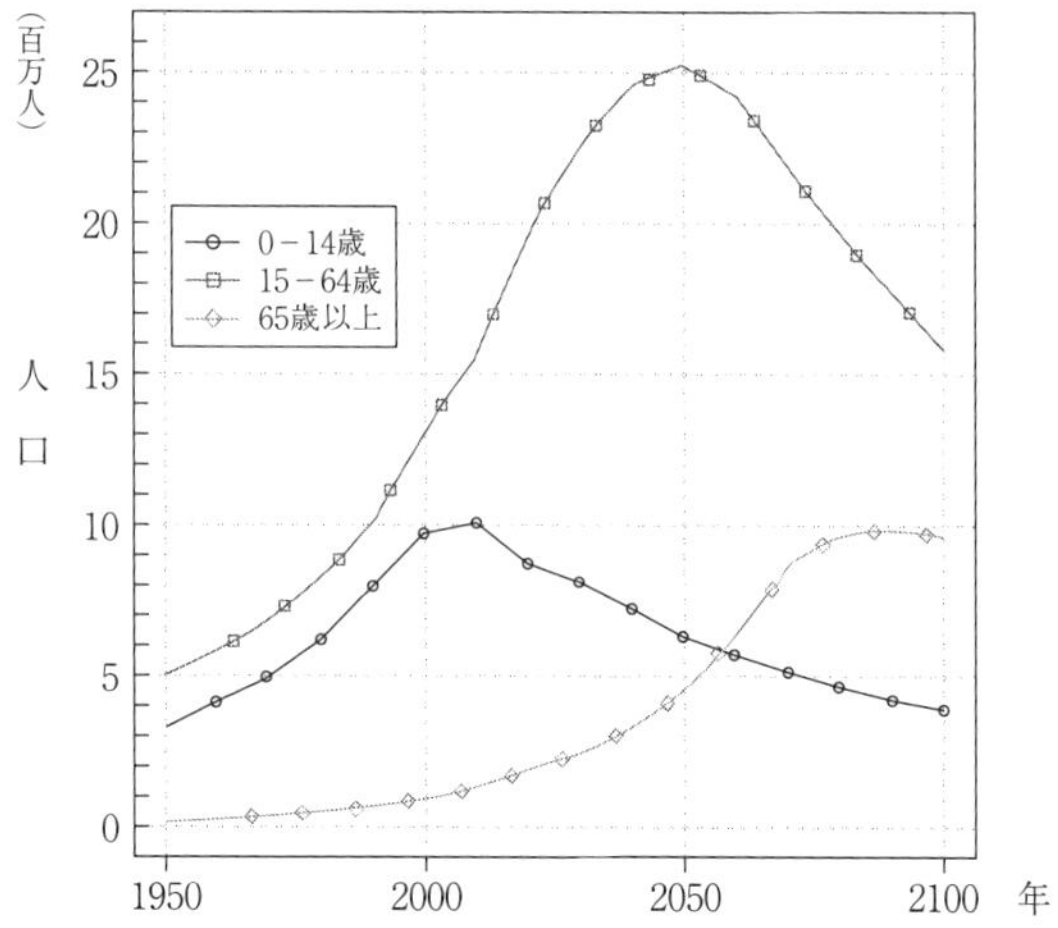

半年前に来日されたばかりの、ベトナムのクアン国家主席が先般お亡くなりになられました。心から御冥福をお祈りします。

来日の際訪れた群馬の中小企業では、ベトナム人の青年が、日本人と同じ給料をもらいながら、一緒に働いていた。そのことを、クアン主席は大変うれしそうに、私に語ってくださいました。

「彼にとって、大きな誇りとなっている」

これは、私たちにとっても誇りであります。世界から尊敬される日本、世界中から優秀な人材が集まる日本を創り上げてまいります。

この演説内容には、ベトナムへの特段の期待と配慮が感じられる。

表５−２　日本の治安はよくなったか

	平成29年９月	平成24年７月
・よくなったと思う（小計）	**35.5%**	**15.8%**
・よくなったと思う	8.1%	2.5%
・どちらかといえばよくなったと思う	27.4%	13.3%
・悪くなったと思う（小計）	**60.8%**	**81.1%**
・どちらかといえば悪くなったと思う	48.6%	52.6%
・悪くなったと思う	12.2%	28.6%

（出典）内閣府「治安に関する世論調査」

２　治安と外国人犯罪

以上のように送出国が大きく変化する中で、外国人労働者は急増している。それでは、日本における治安は外国人の増加によって大きく影響されているのだろうか。国民の認識、全体的状況、外国人犯罪状況、というかたちで順を追って検討する。

日本の治安の全体的状況：日本人の意識

最初に国民の認識について、２０１７年の内閣府の世論調査をみる(6)（表５−２）。まず、

あなたは、ここ10年間で日本の治安はよくなったと思いますか。それとも、悪くなったと思いますか。

という質問に対しては、悪くなった、と考えている人の割合が多いが（60・８％）、前回調査（81・８％）に比べると、その比率は低下している。

表5－3　日本は安心して暮らせる国か

	平成29年9月	平成24年7月
・そう思う（小計）	**80.2%**	**59.7%**
・そう思う	28.9%	14.7%
・どちらかといえばそう思う	51.3%	45.0%
・そう思わない（小計）	**18.9%**	**39.4%**
・どちらかといえばそう思わない	13.3%	25.4%
・そう思わない	5.7%	14.0%

（出典）内閣府「治安に関する世論調査」

これに対し、

あなたは、現在の日本が、治安がよく、安全で安心して暮らせる国だと思いますか。

という問いに対しては、そう思うという人の割合が圧倒的に高く（80・2％）、前回調査（59・78％）に比べても、その比率は上昇している（表5－3）。

この二つの回答は治安が悪くなっていると感じている人が増える一方で、治安がよく安心して暮らせる国、という回答が増える、という、やや矛盾した結果になっている。警察当局は「これらの調査結果から、刑法犯認知件数[7]の減少が体感治安の改善につながっている一方で、新たな形態の犯罪、特に、近年増加しているインターネットを利用した犯罪、振り込め詐欺や悪質商法等の詐欺、ストーカー事案等に対する国民の不安が高まっており、警察に対してこうした犯罪への対策が求められていることがうかがわれる」と解釈している。ここでは外国人の増加による治安の悪化という可能性には言及されていない[8]。

また、世論調査の中では、

図5－6　被害に遭うかもしれないと不安になる犯罪は何か

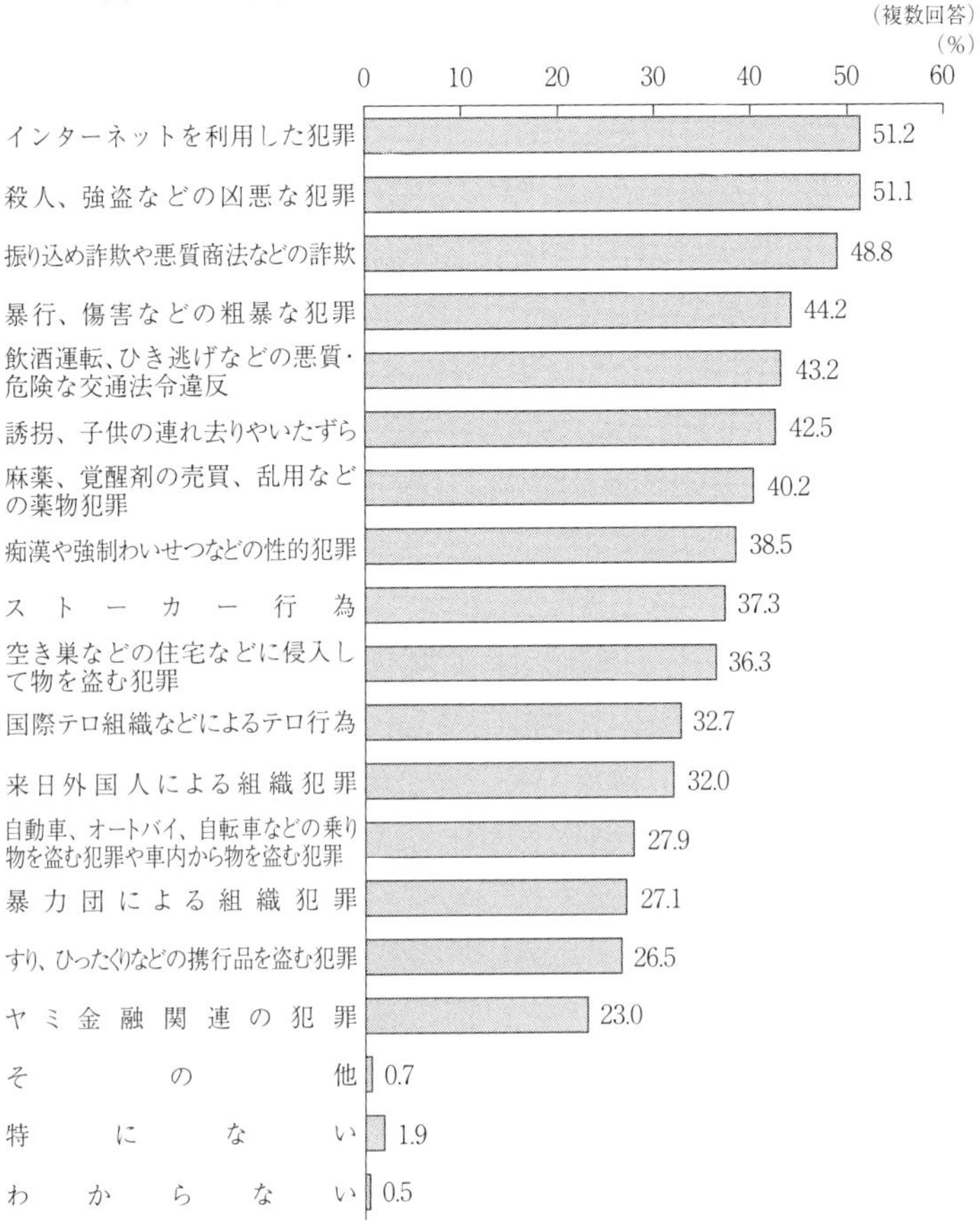

（注）総数（N＝1,765人、M.T.＝605.5％）
（出典）内閣府「治安に関する世論調査」

あなたが、自分や身近な人が被害に遭うかもしれないと不安になる犯罪は何ですか。この中からいくつでもあげてください。（複数回答）

という設問もある（図5－6）。この回答の中には、来日外国人組織犯罪がある。しかし、それほど高い順位ではない。また、治安が悪くなった原因についての回答を求める項目についても「来日外国人による犯罪が増えたから」という選択肢を選択した比率は、２００６年55％、２０１２年28％とむしろ低下しており（２０１７年にはこの設問がない）時系列的にみても、外国人が増加しているにもかかわらず、外国人犯罪への不安が著しく高まっている、という傾向は存在しない。

日本の治安の全体的状況：犯罪統計からみた実態

次に日本の全体的な犯罪状況を統計的にみると、「平成30年版警察白書」が指摘しているように、刑法犯認知件数など、各種指標で犯罪発生総数は顕著に減少している。

刑法犯認知件数の推移は１９８２年には１５０万件を超え、１９９８年には２００万件以上となり、戦後ピークの２００２年には約２８５万件に達した。しかし、その翌年から減少に転じ、２０１６年には戦後初めて１００万件を下回った。２０１７年中は約91万５０００件と、前年よりさらに８万件以上減少している。

人口１０００人あたりの刑法犯認知件数は、戦後ピークの２００２年には22・４件あったが、２０

図５－７　人口千人あたりの刑法犯認知件数

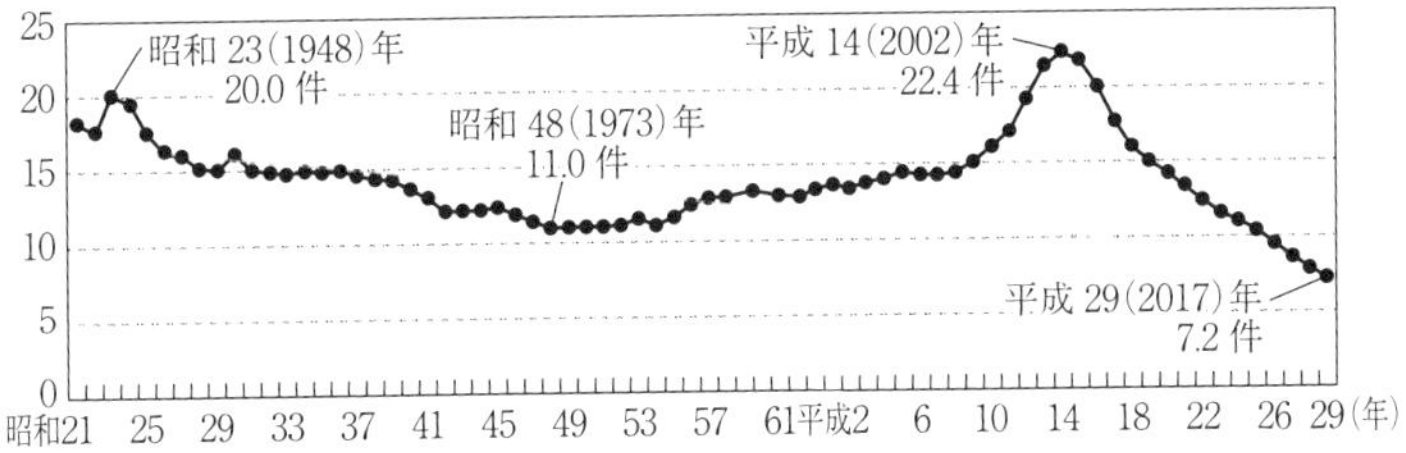

（注）算出に用いた人口は、総務省統計資料「国勢調査」または「人口推計」（各年10月１日現在人口（平成12年までは補完補正人口、13年以降は補完補正を行っていないもの））による。

１７年は戦後最少の７・２件まで減少している（図５－７）。この点で、警察当局が、刑法犯認知件数の減少が体感治安の改善につながっているはず、と考えているのは、的外れとは言えない。[9]

外国人の犯罪

こうした状況の中で、警察当局は外国人の犯罪動向を注視している。たとえば、警察庁刑事局組織犯罪対策部・国際捜査管理官が２０１６年３月に公表した「来日外国人犯罪の検挙状況（平成27年）[10]」の「はじめに」では、「来日外国人犯罪については、国際犯罪組織が日本へ浸透するおそれがあるほか、犯行を繰り返し敢行することを容易にする地下銀行、偽装結婚等の犯罪インフラ事犯[11]は手口が巧妙化しつつあり、最近では新たな手口もみられるところである。近年の外国人入国者数及び在留者数の増加を踏まえると、来日外国人犯罪対策は我が国の治安対策を考える上で重要な事項であり、引き続き注視していかなければならない」と、強い警戒感をにじませている。

しかし、図５－８で見るように、来日外国人の検挙比率は、検挙件数、検挙人員いずれでみても顕著に増加しているとは言えず、件数で

図５－８　刑法犯検挙に占める来日外国人犯罪の割合の推移

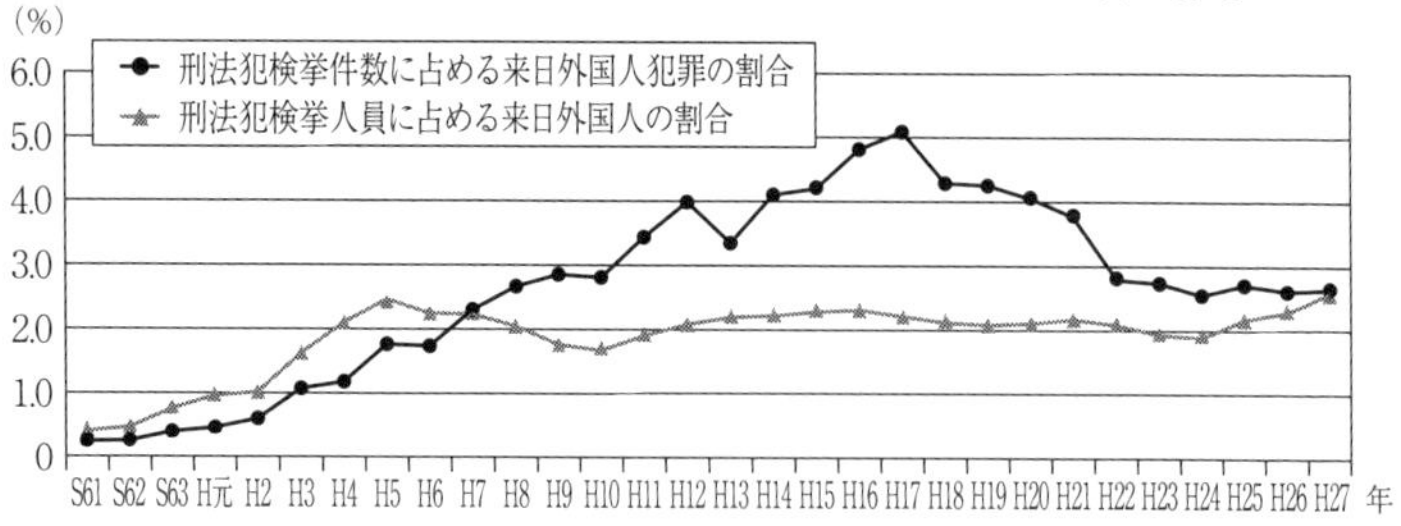

（出典）警察庁・刑事局組織犯罪対策部・国際捜査管理官「来日外国人犯罪の検挙状況（平成27年）」

みると、むしろ低下している。[12] なお、ここで使われている「来日外国人」という指標は、「特別永住者」「永住者」「永住者の配偶者等」などを除いた外国人を指す（詳細は注13を参照[13]）。観光客などの短期滞在者も含む指標であり、移民型の定住系外国人労働者増加の影響だけを示しているわけではないが、外国人の増加で治安が悪化しているという印象を強く与えるものではない。

　ただし、検挙件数が低下し、検挙人員が増加している、というのは、検挙件数あたりの人員が多い、つまり共犯による事件が多いことを意味している。「平成30年版警察白書」では、検挙件数に占める共犯事件の割合は37・8％と日本人（11・0％）の約3・4倍にのぼることに触れ、共犯事件の割合がきわめて高いことなどを指摘し、来日外国人による犯罪は、日本人によるものと比べて組織的に犯罪が敢行される傾向がうかがわれる、と述べている。

　もっとも、警察白書には、国際犯罪組織のうち、来日外国人で構成される犯罪組織についてみると、出身国や地域別に組織化されているものがある一方で、より巧妙かつ効率的に犯罪を敢行するため、さまざまな国籍の構成員が役割を分担するなど、構成員が多国籍化しているものがある。犯罪行為や被害の発生場所等の犯行関連場所についても、日本国内にとどまらず複数の国に及ぶものがあるなど、世界的な展開がみられる。これらの犯罪組織の中には、短期滞在の在留資格等により来日し、犯行後は本国に逃げ帰るいわゆるヒット・アンド・アウェイ型の犯罪を敢行するものもある、などの指摘がみられる。つまり、警察庁が特に懸念している国際犯罪組織による犯罪は、この点でも日本に定住する移民型の外国人労働者の増加の影響とはやや距離があるようにみえる。

来日外国人被疑者の国籍別構成比：外国人労働者の構成比とほぼ一致

次に、法務省の資料に沿って２０１７年における来日外国人被疑事件[14]（ただし過失運転致死傷等および道交違反は除かれている）の検察庁新規受理人員の国籍等別構成比をみてみよう（図５－９）。これをみると、中国、ベトナム、フィリピン、ブラジルなど２０１７年の主要外国人労働者送出国の構成比にかなり近いことが見て取れる。

ただし、罪種の特徴は出身国によって顕著に異なっており、国籍別の犯罪傾向はほぼ固定化していることがわかる（この点については第６章で触れる）。

これらのことから何が言えるだろうか。当たり前のことだが、日本人からも外国人からもある程度の比率で犯罪者が出る。日本の場合、全体的に治安状況はこのところ改善が続いているが、その中でも外国人犯罪比率が高まっているとは言えない。むろん、警察当局が指摘しているように、国際犯罪

図5－9　来日外国人被疑事件 検察庁新規受理人員の国籍等別構成比（平成29年）

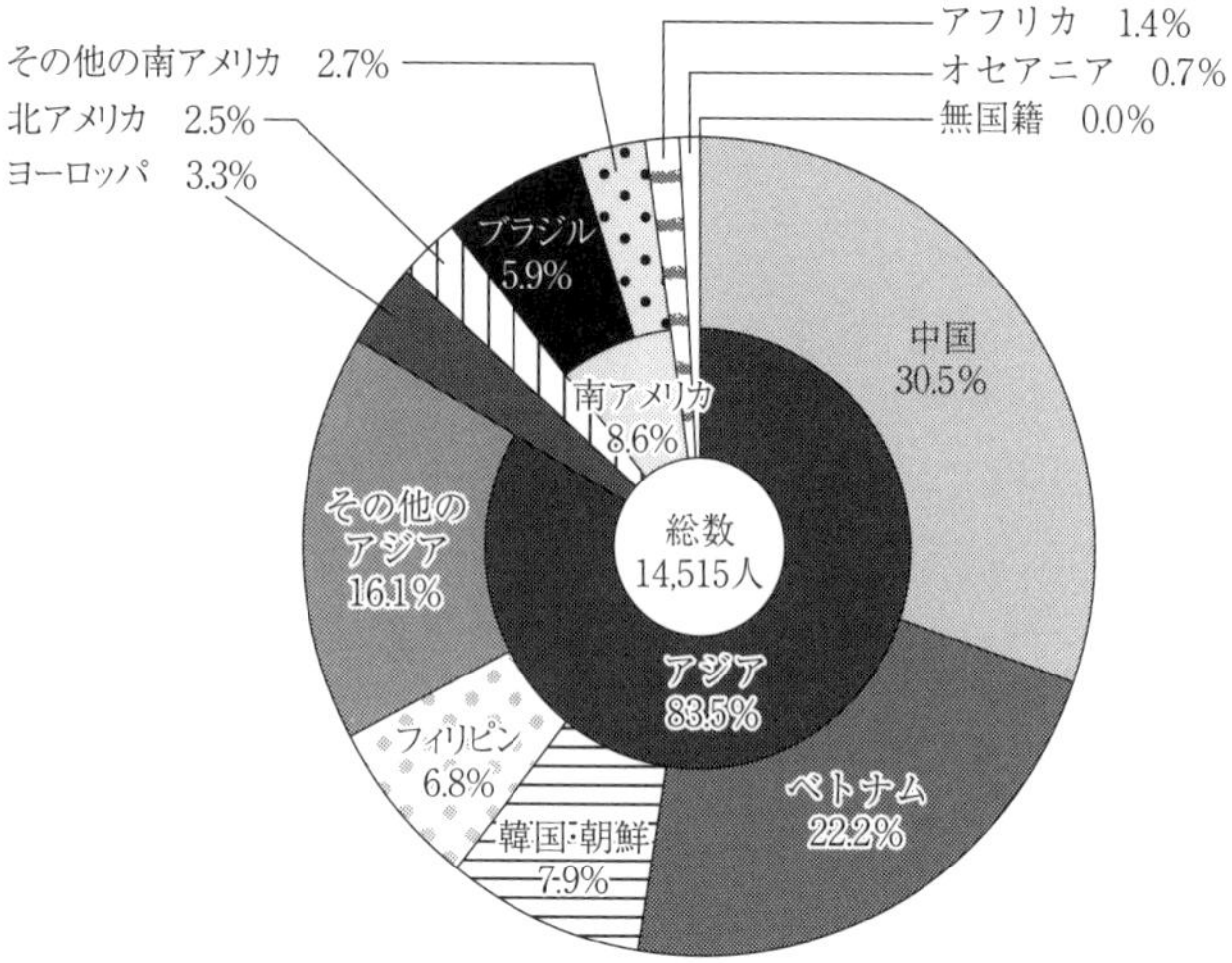

（注）1　検察統計年報による。
　　　2　過失運転致死傷等および道交違反を除く。
　　　3　無国籍の者を含み、国籍不詳の者を含まない。
（出典）法務省「平成30年版犯罪白書」

組織による組織犯罪などに対しては十二分に警戒する必要があるが、いまのところ日本全体として定住外国人の増加で治安が悪化しているとは言えないし、国民も、そのような実感を持つに至ってはいない。

3　国際結婚の状況

つぎに日本における国際結婚の状況を見ておこう。基本的な手がかりになるのは、厚生労働省がまとめた平成28年度人口動態統計特殊報告「婚姻に関する統計[15]」である。

全体的な動向

これをみると、夫妻の一方が外国人で

図５－10　夫妻の一方が外国人である婚姻件数の年次推移

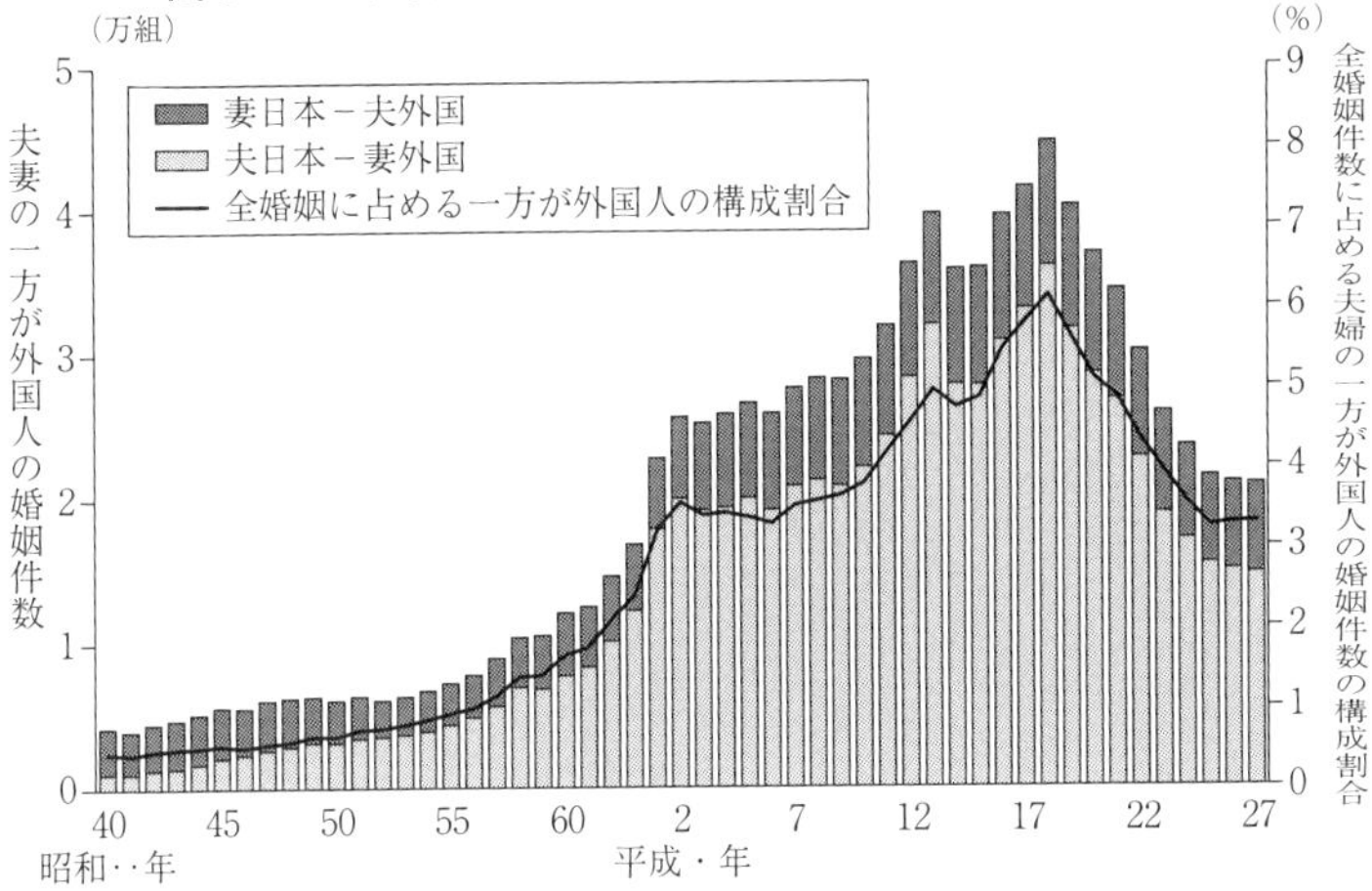

（出典）厚労省　平成28年度人口動態統計特殊報告「婚姻に関する統計」

ある婚姻件数[16]は、２００６年まで増加傾向であったが、外国人の増加にもかかわらず、その後は減少している。

この間、全婚姻件数に占める一方が外国人である婚姻件数の構成割合は、やはり２００６（平成18）年をピークに低下し、２０１３年以降は３・３％でほぼ横ばいとなっている。

子細に見ると、減少の主因は、夫が日本人―妻が外国人という組み合わせでの減少が大きい。そこで、夫が日本人―妻が外国人の夫妻における妻の国籍別婚姻件数の構成割合を見ると、20年前の１９９５年に比べ、フィリピンは大きく比率を下げている。実数でみても、３０７０件にとどまる。これは、ピーク前後にあたる２００５年の１万２４２件の三分の一以下になっている。ちなみに、中国についても、シェアは高まっているが、実数は２００５年の１万１６４４件から、２０１５年には５７３０

図５－11　夫が日本人―妻が外国人の夫妻における妻の国籍別婚姻件数の構成割合

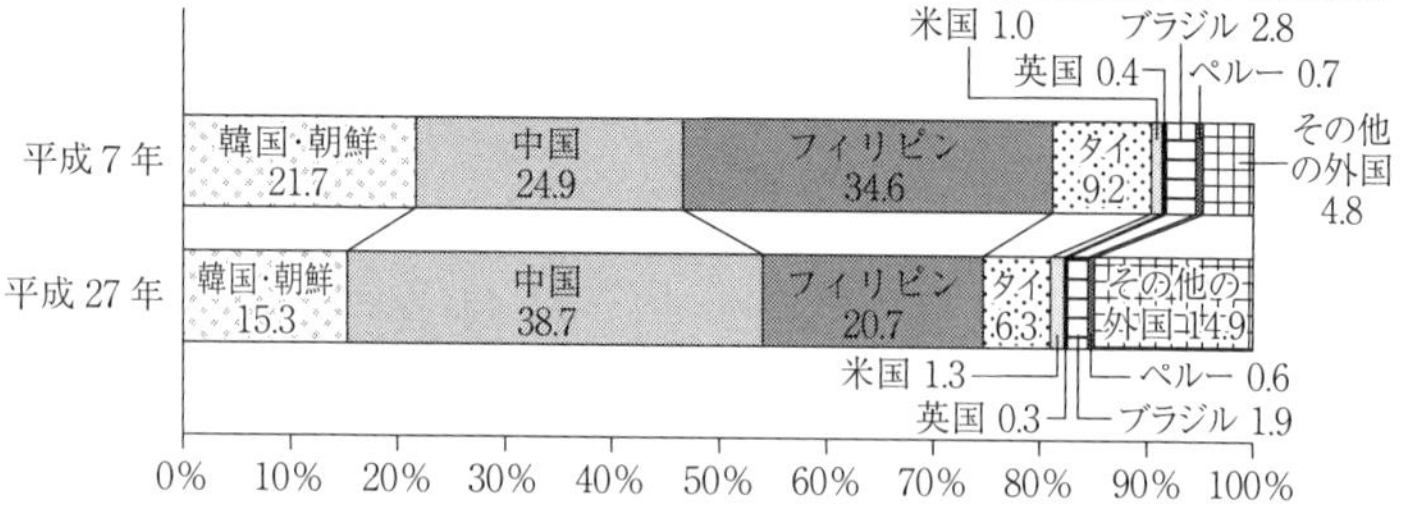

（出典）厚労省　平成28年度人口動態統計特殊報告「婚姻に関する統計」

件まで下がっている。

こうしたフィリピン、中国などの大きな変動の背景には、入国管理政策の変更が大きく影響したとみられる。以下では、そのうちフィリピンについて、藤本（２０１３）に沿ってみておこう。[17]

フィリピンパブの盛衰とフィリピン女性との国際結婚

入国管理上、「興行」は、１９８０年代以降、近年までフィリピンからの女性入国者が最大数を占めていた。しかし、書類上、歌手やダンサーといった「タレント」あるいは「エンターテイナー」であるはずのフィリピン女性たちは、実際には、ナイトクラブで接客するホステスとして働くことを求められてきた。

女性たちはほとんど休日もなく、契約を大きく下回る低賃金といった劣悪な条件下で就労させられてきた。また、売り上げのノルマを課せられ、達成できなければペナルティの支払い、外出の自由も制限されるという数々の人権侵害を伴う働き方を強いられてきた。こうして「フィリピンパブ」が全国各地に林立し、繁盛した。そうした状態が20年以上にわたり続いてきた。しかし、日本政府は十分な対策を講じてこなかった。このため、フィリピン女性等の雇用実態が明らかになるにつれ、国内外からの強い批判の的となった。

日本政府は２００４年４月に重い腰を上げる。人身取引の撲滅と被害者の保護や国際協力を目的に、内閣府、警察庁、法務省、外務省、厚生労働省などの局長クラスで構成される「人身取引対策に関する関係省庁連絡会議」を設置したのである。同年12月に「人身取引対策行動計画」を策定、これを受けて、法改正が行われ２００５年６月の刑法改定で「人身売買罪」（第２２６条２）が新設される。そして、入管法の改定により、被害者だと認定されれば滞在が不法状態にあっても一時的な在留特別許可を付与する「被害者保護」の方策が明文化された。

「行動計画」では「興行」の在留資格・査証の見直しが防止対策のひとつに挙げられ、「上陸審査・在留審査の厳格化」の方針が盛り込まれ、「興行」での入国者が他国と比べて突出して多いフィリピンについて「特にフィリピン政府が発行する芸能人証明書の所持により上陸許可基準を満たすとして入国したフィリピン人に芸能人としての能力がなく人身取引の被害者となる者が多くいると認められる」と明記された。法務省は２００５年２月、興行資格の交付に際して「芸能人としての能力の有無について実質的な審査」を行うことを目的に厳格な基準省令へと改定し、同３月から施行した。それまで招聘業者が容易に手続きできていたフィリピンからの女性「エンターテイナー」の入国が急に難しくなった。

また、「人身取引対策行動計画」は、「興行」の在留資格・査証の見直しの次項に、偽装結婚対策を据えた。日本人との婚姻を偽装して「日本人の配偶者等」の在留資格を受けた場合には、2004年に入管法に新設したばかりの在留資格取消制度を活用することに加え、特に酒類提供飲食店でホステスとして働く外国人は、在留資格「日本人の配偶者等」を有する者が相当数を占めている状況が認められることを挙げ、婚姻の実態に疑義のある者の追跡調査・告発を表明した「興行」の厳格化と偽装結婚の監視という施策が抱き合わせで打ち出された。そして、「行動計画」の実施の過渡期である04年には8万2741人だった「興行資格」での新規入国者数が2005年には4万7765人に半減したあと、06年には8607人へと急減、2011年にはついに1407人まで縮小した。

この間、日本人男性とフィリピン女性との婚姻数は2004年から06年にかけて「駆け込み」のように一時的に急増したが、フィリピンパブが激減する中で、2007年以降、フィリピン女性との国際結婚の件数は毎年減少を続けている。

国際結婚のトレンドをどうみるか

統計的にみる限り国際結婚は伸び悩み、結婚を通じた同化はあまり進んでいない。しかし、それは、国際結婚自体に強い逆風が吹いている、ということではないようにみえる。とりわけ、日本人男性とフィリピン女性との国際結婚の盛衰は、ドイツ人男性とタイ女性との国際結婚と同じような構図をたどったという印象が強い。あだ花のような隆盛期のあと、人権侵害問題や偽装結婚などの批判が高まるにつれ、入国管理の強化や偽装結婚対策が施され、それが国際結婚統計上の計数に大きな影響を与え、トレンドをみえにくくさせている。

２０１３年以降の緩やかな持ち直しは、こうした要因が一巡した後の新たなトレンドを示唆しているのかもしれない。

４　外国人労働者／移民の日本社会への影響の現状：小括

前二節では、外国人労働者増加が日本社会に与える影響として、主に外国人の犯罪を通じた治安への影響と婚姻の動向についてみた。むろん、外国人の犯罪は存在するし、後述のように出身国によって犯罪の傾向には大きなちがいがある。また、国際犯罪組織による犯罪も含め、組織犯罪には注意が必要だ。しかし、日本全体としてみたとき、外国人の増加が現時点で日本の治安状況の悪化をもたらしている、とは言えない。

他方、婚姻を通じた同化も進んでいない。

犯罪は日本国民の最大の懸念だが外国人の増加の社会的影響の一部にすぎない。婚姻も同様で、ディアスポラの問題や宗教の問題など無視できない要因はほかにもいろいろある。

しかし、これらの問題は、送出国とホスト国の文化的な関係や歴史的ないし政治的関係に大きく左右される。したがって、本来、主要送出国ごとに議論すべき事柄に属する。次章では、今後を占う一つの事例研究として日本における外国人労働者の急増を牽引しているベトナムの人たちと日本人および日本社会との関係や、その社会的影響について検討する。

【第5章注および参考文献】

（1） http://www.jadesas.or.jp/aboutnikkei/index.html
（2） 海外日系人協会では、「日本から海外に本拠地を移し、永住の目的を持って生活されている日本人並びにその子孫の二世、三世、四世等で国籍、混血は問いませんが、そういう方々を海外日系人として定義しています」としている。
（3） ネパールは外務省ホームページの各国基礎データ、ベトナムは駐ベトナム大使講演資料（第6章）による。
（4） 以下の中国、ベトナム、ネパールの長期人口推計はUNITED NATIONS *World Population Prospects 2017* https://population.un.org/wpp/による。
（5） 外国人材に関連する部分の前段は以下のとおりである。
「この春、高校、大学を卒業した若者たちの就職率は過去最高水準となりました。有効求人倍率は、二年近くにわたり、全国四十七すべての都道府県で一倍を超えています。こうした中で、全国の中小・小規模事業者の皆さんが、深刻な人手不足に直面しています。

このピンチも、チャンスに変えることができる。

ＩｏＴ、ロボット、人工知能、ビッグデータ。第四次産業革命のイノベーションを取り入れることで生産性の向上につなげます。その活用を阻む規制や制度を大胆に改革していきます。本年度から、固定資産税ゼロのかってない制度がスタートしました。中小・小規模事業者の皆さん、地域を担う中堅企業の皆さんの生産性革命に向けた投資を力強く後押しします。同時に一定の専門性・技能を有し、即戦力となる外国人材を……」以下本文に続く。
（6） 内閣府「治安に関する世論調査」は、２０１７年11月に内閣府・政府広報室により実施され、調査対象全国18歳以上の日本国籍を有する者３０００人、有効回収数１７６５人（回収率58・８％）、調査時期平成29年９月14日～９月24日（調査員による個別面接聴取）となっている。

（７）「認知件数」とは警察が発生を認知した刑法犯罪の件数を指す。

（８）国家公安委員会・警察庁『平成30年版　警察白書』26ページ。

（９）１９９８年以降、街頭犯罪および侵入犯罪が大幅に減少し、刑法犯認知件数が減少している要因について「平成30年版警察白書」では、官民一体となった総合的な犯罪対策（生活安全条例の制定、街頭防犯カメラの設置等、社会全体で犯罪を未然に防ぐための取組が進められたこと、また、自動車盗対策のためのイモビライザの普及、自転車盗対策のための不正開錠に強い鍵の規格化、自動販売機ねらい対策のための自動販売機の堅牢化等、個別の犯罪手口に焦点を当てた対策も次々に講じられたことを挙げている。また、社会的要因としては、少子高齢化の進展により、人口１万人あたりの検挙人員が相対的に多い若者の人口が継続して減少していること（１９８９年以降、人口１万人あたりの検挙人員は常に14歳から19歳までが最も多く、次いで20歳から29歳までとなっており、若い世代ほど多くなっているが、年齢層別人口は14歳から19歳までおよび20歳から29歳までの人口は減少している）。また、近年の若者の意識や行動の変化について、たとえば、全国学力・学習状況調査によれば、近年の若者には規範意識の向上がみられること、消費者白書によれば、近年の若者は消費支出が減少傾向にあるほか、若者の外出率が低下し、１日あたりの移動回数が高齢者を下回るなど、以前より外出しなくなっている傾向がみられること、などを指摘している。平成30年版「警察白書」20―21ページを参照。

（10）https://www.npa.go.jp/sosikihanzai/kokusaisousa/kokusai/H27_rainichi.pdf

（11）「犯罪インフラ」とは、犯罪を助長し、または容易にする基盤のことを指す。「来日外国人犯罪の検挙状況（平成27年）」では、外国人に係る犯罪インフラ事犯には、不法就労助長、偽装結婚、旅券・在留カード等偽造、地下銀行および偽装認知等を挙げている。

（12）在留資格別に２００５年と２０１５年を比較すると、「短期滞在」の総検挙人員（不法残留状態となった者を含む。この項において以下同じ）は、２００５年は５６８３人であったが２０１５年は１１０２人となり、約２割にまで減少している。その中で不法残留状態となった者の総検挙人員も、２００５年は４６８１人から２０１５年は４８０人と大幅に減少している。「留学」の総検挙人員は、同３３９０人から、２０１５年は２１７５人となっている。これに対し、「技能実習」の総検挙人員は、検挙数値の確認が可能となった2012年から毎年約300人ずつ増加し、2015年は前年に比べて約400人増加している。不法残留状態となった者の総検挙人員も増加している。

(13) 警察庁の定義による「来日外国人」とは

来日外国人＝総在留外国人－「定着居住者」－「駐留米軍関係者」－「在留資格不明者」（在留資格不明者で明らかに日本人でない者等）

である。警察庁の定義による「定着居住者」に該当する在留資格は、「特別永住者」「永住者」「永住者の配偶者等」の3つ。つまり、「来日外国人」は、「特別永住者」を含めて28ある在留資格から上記「定着居住者」に含まれる3つの在留資格を除いた25の在留資格（「定住者」「日本人配偶者等」「短期滞在者」「留学」「就学」「研修」「人文知識・国際業務」「興行」などの在留資格）を有する者と、「不法滞在者」（正規の在留資格を得て入国後在留期限を超えて滞在している「不法残留者」「偽造旅券」や「密入国」など有効な旅券を持たずに入国した「不法入国者」、上陸許可を得ずに上陸した「不法上陸者」等）によって構成されている。

(14) 被疑者とは、ある犯罪を犯したと疑われ、捜査機関によって捜査の対象とされている人を指す。検察官により公訴を提起されると被告人になる。

(15) 「婚姻に関する統計」は、毎年公表している人口動態統計をもとに、婚姻の動向について人口動態統計特殊報告として取りまとめられたものであり、1987、1996、2006年度と約10年ごとに公表されている。

(16) この統計での国際結婚の定義は、国籍によるものである。

(17) 藤本伸樹（2013）「〈研究ノート〉「偽装結婚」の事例から人身取引のグレイゾーンを検証する」『立命館国際地域研究』第37号。

第6章　事例研究：ベトナムとの関係

欧州では、移民との間で、宗教対立、ディアスポラ問題や犯罪比率の高まりなど、さまざまな問題が起き社会に大きな影響を与えている。

２０１９年現在の日本における外国人労働者急増の主役はベトナムである。日本在住のベトナム人が今後、さらに大きく増えたときに、どのようなことが起こるのだろうか。それを考えるうえでは、ベトナムという国、ベトナム人という人々について知っておくことが非常に重要だろう。この章では事例研究としてベトナムとベトナム人を取り上げることにしたい。なお、もう一つの外国人労働者送り出し急増国であるネパールの現状ついても付論でごく簡単に触れておく。

1　ベトナム戦争後のベトナムの歩みと現状

まずベトナムという国の歩みと現状を見ておこう。ベトナム戦争後のベトナムの足取りを見ると、１９７３年1月パリ和平協定によりアメリカ軍が撤退したあと、同年9月21日に日本と外交関係を樹立した。

１９７６年7月南北統一を実現し、国名をベトナム社会主義共和国に改称。79年2月にはベトナムのカンボジア侵攻を契機として中越戦争が勃発、中国と戦った。しかし、91年10月カンボジア和平パリ協定を経て、95年7月には、アメリカとの国交を正常化し、ＡＳＥＡＮに正式加盟するなど、国際社会からの孤立を解消していき、２００８~09年には国連安全保障理事会・非常任理事国にもなった。この間、１９８６年第6回党大会においてドイモイ（刷新）政策を打ち出した。日本は、92年11月からベトナム援助を再開した。

現在、外交的には全方位外交、という立ち位置にある。内政的には、社会主義国だがドイモイで構造改革を進めている。

現在のベトナムの状況についての基礎情報を２０１９年2月の梅田邦夫駐ベトナム大使の講演資料から確認しておこう（表6－1）。日本とほぼ同じ広さの国土で出生率が高く若い人が多い。まだＧＤＰはそれほど大きくないが、成長率は高い。貿易相手としては米・中・日が大きく、日本はベトナムに対する最大の援助国という関係にある。

2　日本とベトナムとの関係

梅田大使は２０１８年4月の日越外交関係樹立45周年記念講演(1)で、日本とベトナムの関係について

表６－１　ベトナムについての基礎情報

人口：9,467万人（2018年：越保健省）
・ハノイ市：765万人、ホーチミン市870万人
・30歳以下が約半数、平均年齢31歳（日本46.3歳）
・合計特殊出生率は2.05（日本1.44）、男女出生比率は男性115：女性100
面積：約33万㎢
・九州を除いた日本の面積とほぼ同じ
GDP：2,372億ドル（2018年：越統計総局）
・参考：日本４兆9365億ドル（2017年）
一人当たり GDP：2,587ドル（2018年：越統計総局）
・参考：日本38550ドル（2017年）、ASEAN 平均4219ドル（2017年）
GDP 成長率：7.08％（2018年越統計総局）
失業率：2.00％（2018年：越統計総局）
最低賃金（ハノイ・ホーチミン）：月額418万ドン（約２万1000円）（2019年１月１日施行）
・公務員・軍人の最低賃金：月額139万 VND（約6700円）（2018年７月１日施行）
産業：農林水産業、労働集約型製造業が盛ん
・コーヒー、コメの世界有数の輸出国
・縫製品、電子機器の生産拠点
人種：ベトナム民族（キン族）86%、他に53の少数民族
・華人はホーチミンを中心に約90万人（全体の0.95%）
宗教：大多数が仏教（主に大乗仏教）
・小乗仏教（クメール族）、カトリック、イスラム、その他土着宗教等

（出典）梅田邦夫駐ベトナム大使「ベトナム経済研究所講演資料」2019年２月４日(2)


触れている。

　文化的親和性が高く強い親近感が存在すること、地政学的要衝であり、ぶれない対中姿勢や国際法重視姿勢を持つ。米国のプレゼンスを重視し、ＣＰＴＰＰ（包括的および先進的な環太平洋パートナーシップ協定、ＴＰＰ11）に参加するなど日本と戦略的利益を共有している。

　また、国際社会での役割が向上し、国際舞台で日本との連携が期待できること、政治的に安定し、治安がよく、比較的安価で優秀な労働力を持ち、購買力の高い中産階級が増加するなど生産拠点および市場としての魅力を有すること、などの点も挙げている。そして最後に、少子高

齢化・労働力不足に直面する日本のベトナムに対する期待にも触れている。

日越外交関係樹立45周年記念のスピーチだから、という面もあるだろうが、日本にとってベトナムは多くの戦略的利益を共有するとても重要なパートナーであり、ベトナムの持続的発展は日本にとっても非常に重要、という熱意があふれており、実際、現状、日本とベトナムの関係は悪くないように見える。外国人労働者の送出国としてだけでなく、いろいろな点から、非常に重要な近隣国であると政府が認識していることは間違いない。とはいえ、日本社会への影響を考えるうえでは、外国人労働者の主要送出国であり続ける可能性、文化的親和性について精査しておく必要がある。

3　外国人労働者の送出国としてのベトナム

先ほども触れたが、今後も外国に労働者を送り出し続けられるか、という持続性の観点からは、自然動態が重要になる。この点については、第5章で触れたようにベトナムの出生率の低下が比較的遅く、かつ現在でも相対的に高い水準にあるため、国連の将来推計では生産年齢人口のピークは２０４０年近辺となっており、かなり先まで海外に人を出せる——それが日本とは限らないが——可能性がある。

ベトナム政府の方針

ベトナム政府は、外国人労働者の送り出しに積極的に取り組んできた。1986年のドイモイ路線の採用以降、労働者の海外派遣に関しても新しい方針が打ち出され、88年の政府108号指示は「国家予算のための外貨獲得、雇用創出、および労働者の技能向上と収入増加」を目的として、海外派遣労働者の拡大を長期的な戦略的意義を持つと位置づけている。

労働力輸出の振興はベトナムにとって重要政策のひとつであり、1991年の第7回党大会以来、5年に1度の党大会で採択される文書には、毎回労働力輸出への言及がなされてきた。また、98年には党政治局が労働力輸出に関する41号指示という文書を出した。同文書では、労働力輸出は「工業化、近代化」という国家目標に貢献する労働者の育成、および国家間の友好協力関係の強化に貢献する「重要で長期的な戦略」と位置づけられた(3)。

ベトナム人労働者の失踪問題

前章で表5－1の国籍別・在留資格別・外国人労働者現状をみたが、そこではベトナムは、現時点で技能実習生の数はトップで、かなり大きく中国を引き離し始めている。資格外活動（基本的に留学生のアルバイト）についても最近まで中国がトップで、かなり大きく水をあけられていたが、倍々ゲームのように増えてきた結果として追い越してしまったという状況にある。

しかし一方で、厚生労働省の外国人労働者統計には登場しない大きな問題がひとつある。ベトナム

表6－2　技能実習生の失踪者数の推移

（人）

	平成24年	平成25年	平成26年	平成27年	平成28年	平成29年
総　　数	2,005	3,566	4,847	5,803	5,058	7,089
ベトナム	496	828	1,022	1,705	2,025	3,751
中　　国	1,177	2,313	3,065	3,116	1,987	1,594
カンボジア	—	—	—	58	284	656
ミャンマー	7	7	107	336	216	446
インドネシア	124	114	276	252	200	242
そ　の　他	201	304	377	336	346	400

（注）「カンボジア」は、平成27年から集計しており、平成24年から平成26年は「その他」に含まれる。

（出典）平成30年2月19日法務省・入国管理局「平成29年の「不正行為」について」

人の失踪、不法滞在の急増である。

不法滞在は2013（平成25）年の1110人から2018年7月には8296人と7・5倍に増えている。[4] 技能実習生の失踪者数は2012年の496人から2017年には、7・6倍の3751人にまで増えており、技能実習生総数との比率でみても突出して高い（表6－2）。

ベトナム人労働者の失踪率の高さの一因としては、ベトナム政府が公認した海外就労の仲介企業の問題が指摘されてきた。

これらの企業は、労働者の派遣に際しての契約書作成や派遣先との交渉などを手がけているが、高額な斡旋料を労働者から徴収する一方、管理が杜撰で、送出先国で多数の失踪者を出すなど問題のある企業が多いことは、かねて指摘されてきた。[5] したがって、この問題は、日本特有の問題ではなく、むしろ日本より失踪率がはるかに高い韓国や台湾で、より大きな問題になってきた。[6]

現地の仲介会社を利用し、渡航前費用を借金で前払いして来日してみて、期待したほどに収入が得られず、やっていけなくなって、より高い収入が見込めるところに行ってしまう。失踪に追い込まれる最大の要因は、ベトナム人労働者の経済的困窮の結果といえる。

なお、残念ながら日本サイドでも、技能実習生に対する扱いがひどいところが多いことは否定できず、賃金不払いや暴力などで失踪する技能実習生は多いといわれている。出入国管理局は２０１８年に「不正行為」を通知した件数の多かった類型の具体例をいくつか挙げている(7)。その中で技能実習生の失踪につながりそうな事例――必ずしもベトナム人には限らないが――としては、以下のようなものがある。

〇**技能実習生に対する手当または報酬の一部または全部を支払わなかった【例】**：技能実習生からの相談を端緒に、縫製業を営む実習実施機関が技能実習生６名に対し、約2年1カ月間にわたり、最低賃金を下回る基本給を支払っていたほか、時間外労働に対する賃金を時給３００円などに設定していたことが判明し、不払いの総額は６名分を合わせて約２１００万円に達した。

〇**技能実習生に対して暴行、脅迫または監禁を行っていた【例】**：技能実習生からの相談を受けていた支援者からの情報提供を端緒に、建設業を営む実習実施機関の従業員が、技能実習生に対して、「日本語を理解しない」などを理由に叩く、殴る、蹴る等の暴行を恒常的に行っていたことが判明した。

○技能実習生の人権を著しく侵害する行為を行った【例】：労働局からの通報を端緒に、食品加工業を営む実習実施機関が、タイムカードの打刻を忘れることに対し、1回あたり1000円の罰金を技能実習生に課しており、総額で10万円以上の罰金を不当に控除していたことが判明した。

これらは氷山の一角とみられる。ベトナムサイド、日本サイド双方で実効が上がる是正策を模索していく必要がある。

4 日本におけるベトナム人の犯罪

次に、日本におけるベトナム人の犯罪の特徴をみておこう。警察庁刑事局組織犯罪対策部・国際捜査管理官が2015年にまとめた「来日外国人犯罪の検挙状況」（図6－1）をみると、過去10年間の刑法犯検挙状況の推移をみても、一貫した特徴は万引きの比率がきわめて高いことだ。

この調査では、ベトナム人による刑法犯の検挙件数の約85％は窃盗で、窃盗の約85％は万引きである。ただ、万引きの具体的犯行形態として「数人のグループで、見張り役、実行役、商品搬出役等を分担して、大型ドラッグストア、大型スーパー等に車両で乗り付け、一度に大量の商品を万引きし、これを連続的に敢行するなど組織性、計画性が認められる」としており、組織犯罪対策部としての警

図6－1　ベトナム人による刑法犯の検挙件数の推移

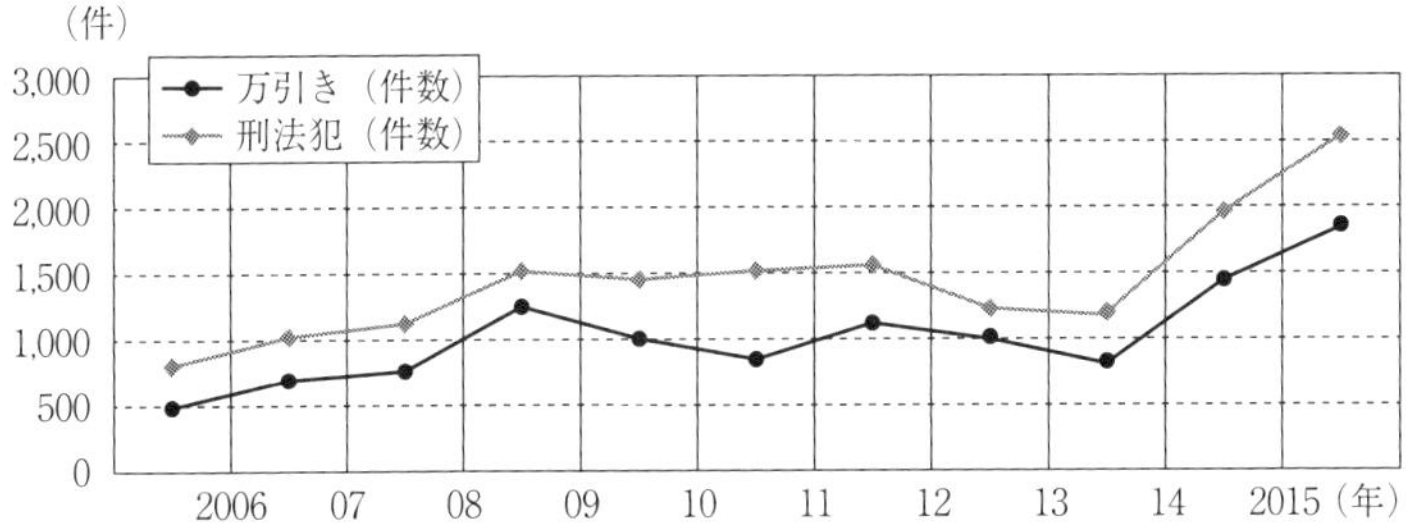

（出典）警察庁「来日外国人犯罪の検挙状況」

戒感がにじみ出た説明ぶりになっている。近年、ベトナム人の増加に伴い、ベトナム人窃盗団についての新聞記事をみかけることも増えているように感じる(8)。

ベトナム人の組織犯罪率は高いか

こうした点を含め、ベトナム人の犯罪の特性をもう少し検討してみよう。

ベトナム人を含む外国人犯罪の状況をさらに詳細に調査分析したものとして、法務総合研究所の調査がある。この調査は、外国人犯罪者の実態や特性等を明らかにし、その再犯防止および社会復帰を含む外国人犯罪者に対する効果的な対策の検討に役立てることを企図して外国人受刑者を対象にして行われた特別調査であり、調査対象者は、２０１１年の入所受刑者のうち、特別永住者を除く外国籍等（無国籍の者を含む）の者すべてにあたる６７１人（男子５４９人、女子１２２人）についての調査である。

全数調査ではあるが、単年の特別調査であり、「来日外国人犯罪の検挙状況」のような時系列的な分析には乏しい。しかし、有用な

図６－２　主たる犯行時の在留資格等別構成比（主な国籍等別）

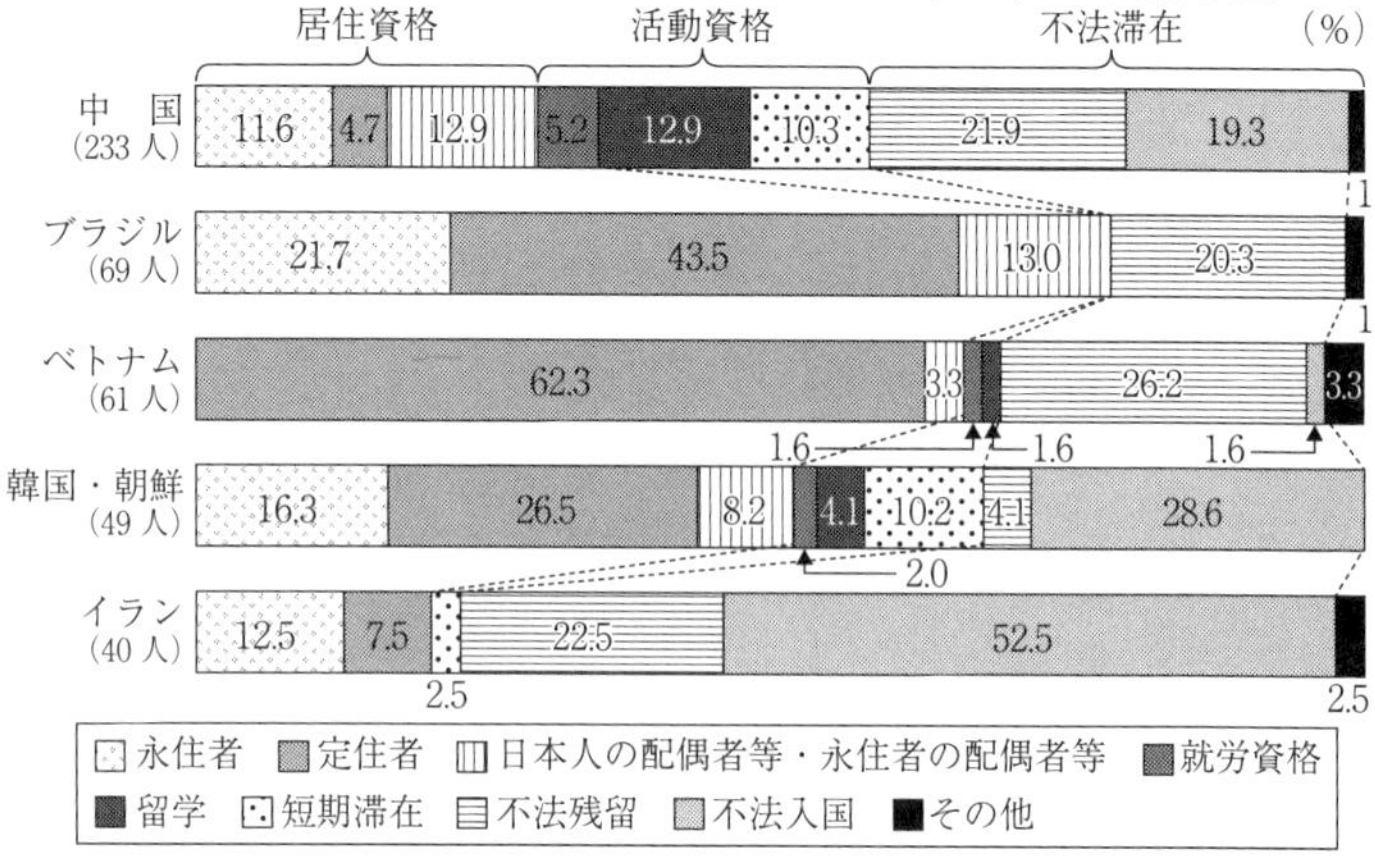

（出典）法務省「外国人犯罪に関する研究」

情報を多く含んでいる。

まず、主たる犯行時の在留資格等別構成比をみると、中国と韓国・朝鮮以外の国は、ベトナムも含め、観光などの短期滞在者は少なく、観光客の多い中国と韓国・朝鮮でも、その犯罪比率は高くない。これは、前章でみたように、国籍別犯罪比率が国籍別外国人労働者比率に近いことと符合している（図６－２）。

この調査でも明確なのは、前述のように国籍別の犯罪傾向にきわめて鮮明なちがいがあることである。侵入盗は中国、韓国・朝鮮では過半を占めるのに対し、ブラジルは車両関連盗の比率が高い。これに対し、ベトナムは国際比較でみても圧倒的に万引きが多い（図６－３）。

しかし、受刑者が犯した主たる犯罪について共犯の有無別構成比を国籍別にみると、特別調査時点の受刑者で共犯が多いのは、中国、イランであり、ベトナム、朝鮮は相対的に単独犯が多い（図６－４）。ま

図6－3　犯行手口別構成比（主な国籍等別）

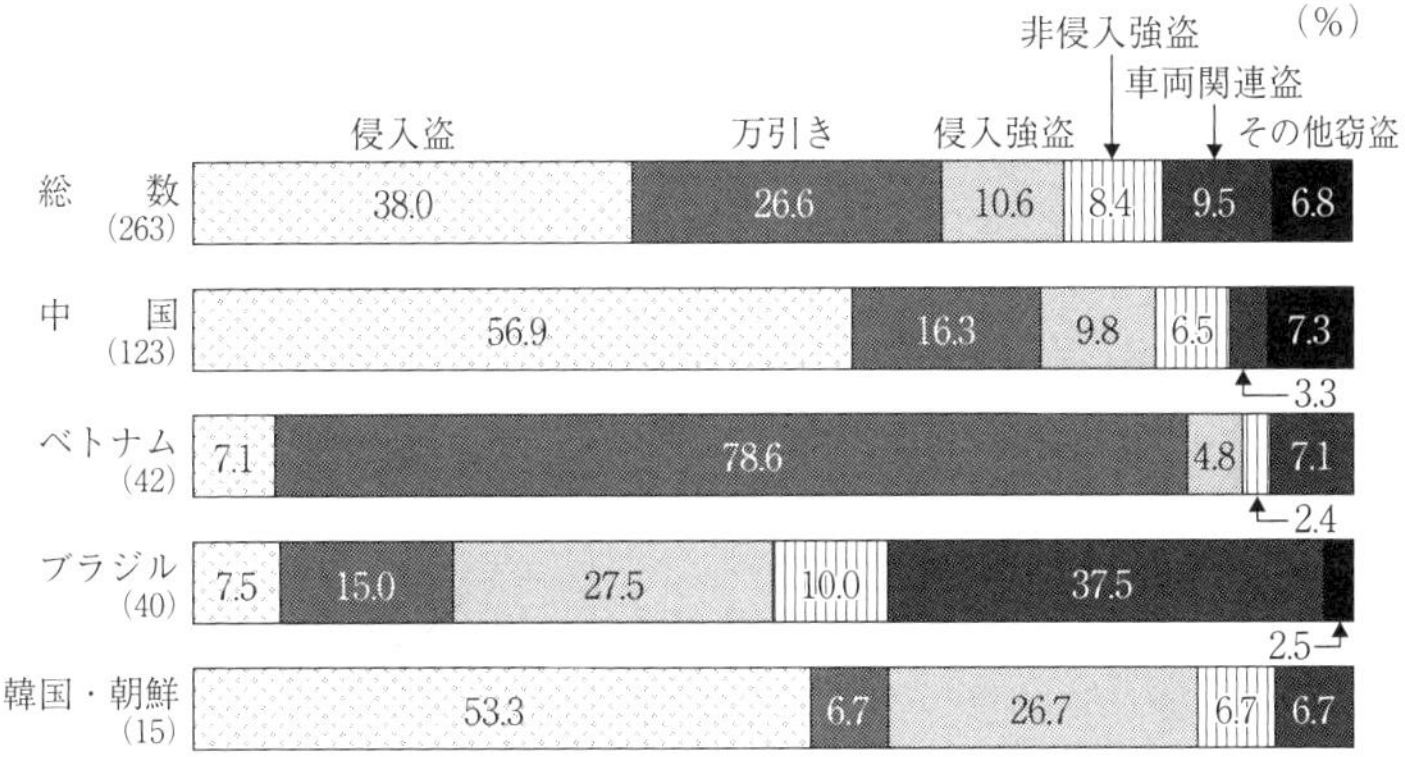

（出典）法務省「外国人犯罪に関する研究」

た、窃盗・強盗事犯者のうち、全体の約40％は、不良集団、犯罪集団または犯罪組織に属する、ないし関与する者だった。これに該当する者を国籍等別でみると、中国で多く、ブラジルおよびベトナムで少なかった。犯行手口別では、侵入盗に多く、万引きで少なかった、とされている。この時点では、ベトナムの組織犯罪傾向の相対的高さは窺《うかが》われない。

犯罪の理由

それでは、どういう理由で犯罪に手を染めているのか。犯行を犯したときの収入源を国籍等別にみると、中国は犯罪・違法行為収益の割合が高い（62・6％、なお、職業的犯罪者と認定されている比率でも中国は突出して高い）。一方で、ブラジルでは、犯罪・違法行為収益の割合が約3分の1を占めているが、正業収入も2割を超えている。

これに対しベトナムは、生活保護等の社会保障の割合が他国に比べて高い（21・4％）。収入がない人も多く、貧

図６－４　主たる犯行の共犯の有無別構成比（国籍等）

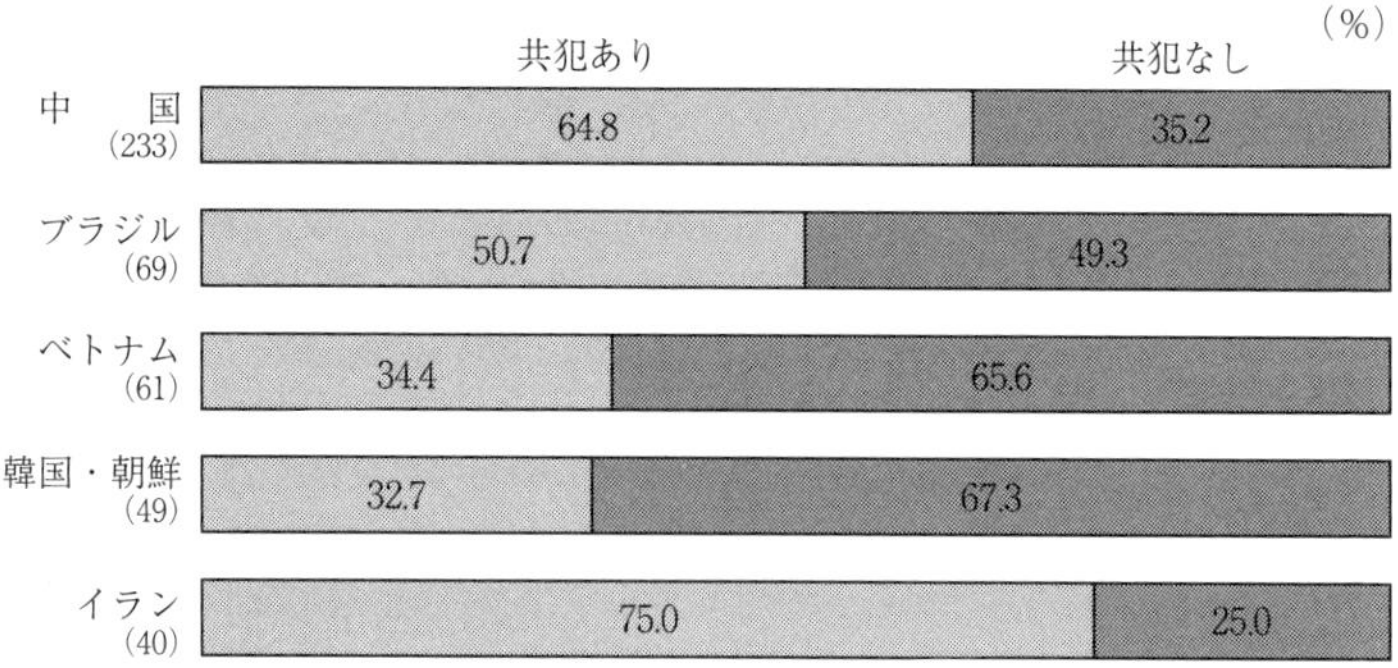

（出典）法務省「外国人犯罪に関する研究」

困者の多さが目立つ結果となっている（図６－５）。

出所後どこで暮らしたいか

最後に、窃盗・強盗事犯者が刑事施設に申告した出所時の帰住先に関する希望を国籍等別でみると、中国で母国への送還を希望する者の比率が約三分の二を占め、他の国籍等と比べて高い一方で、ベトナムは日本国内での在住の継続を希望する者が四分の三を超えていた（図６－６）。

以上の調査結果から、いくつかのことがわかる。まず、ベトナム人が犯罪に手を染める理由は、生活困窮であり、それは、失踪者の多さとも通じる。また、ベトナム人にも組織犯罪者がいるのは当然だが、組織犯罪傾向が特に高いとはいえない結果になっている。ベトナム人受刑者は出所後、日本国内での在住の継続を希望する者が四分の三を超え、他の主要国に比べて突出して高い点も特徴的といえる。

図６－５　本件犯行時の主たる収入源別構成比（主な国籍等別）

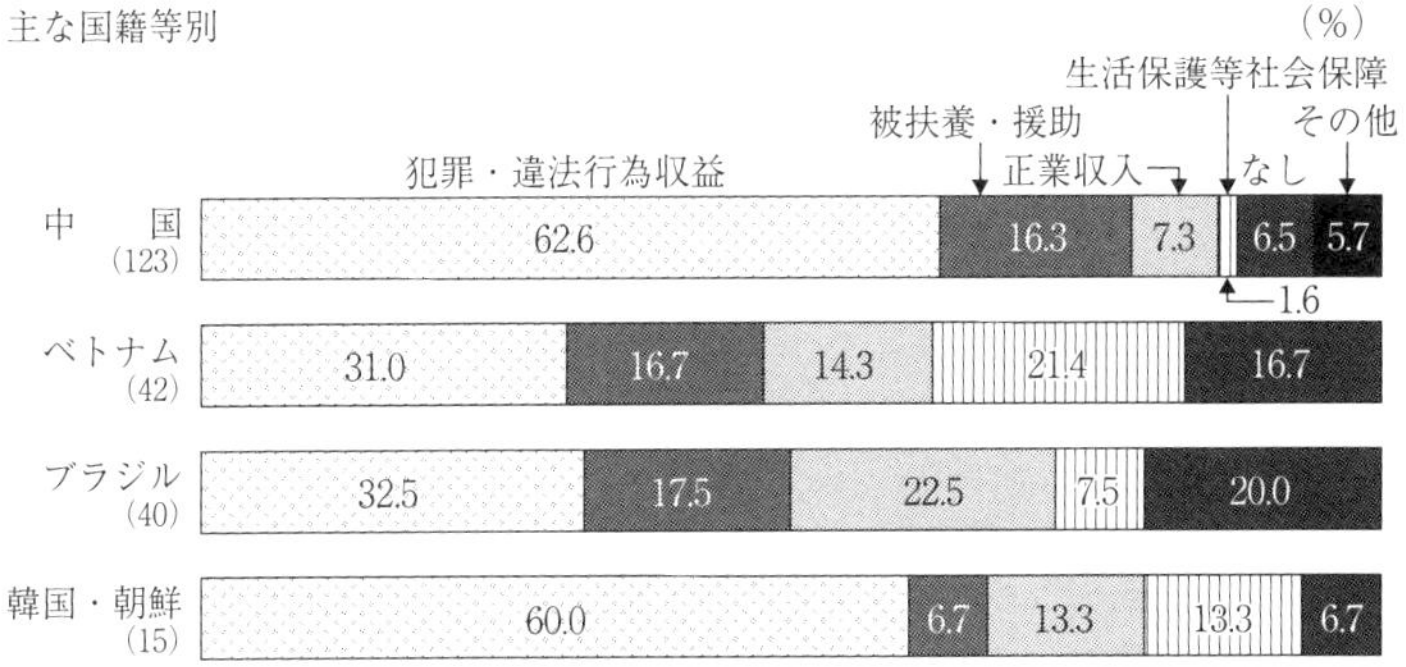

（出典）法務省「外国人犯罪に関する研究」

図６－６　出所時の帰住先に関する希望（国籍等別）

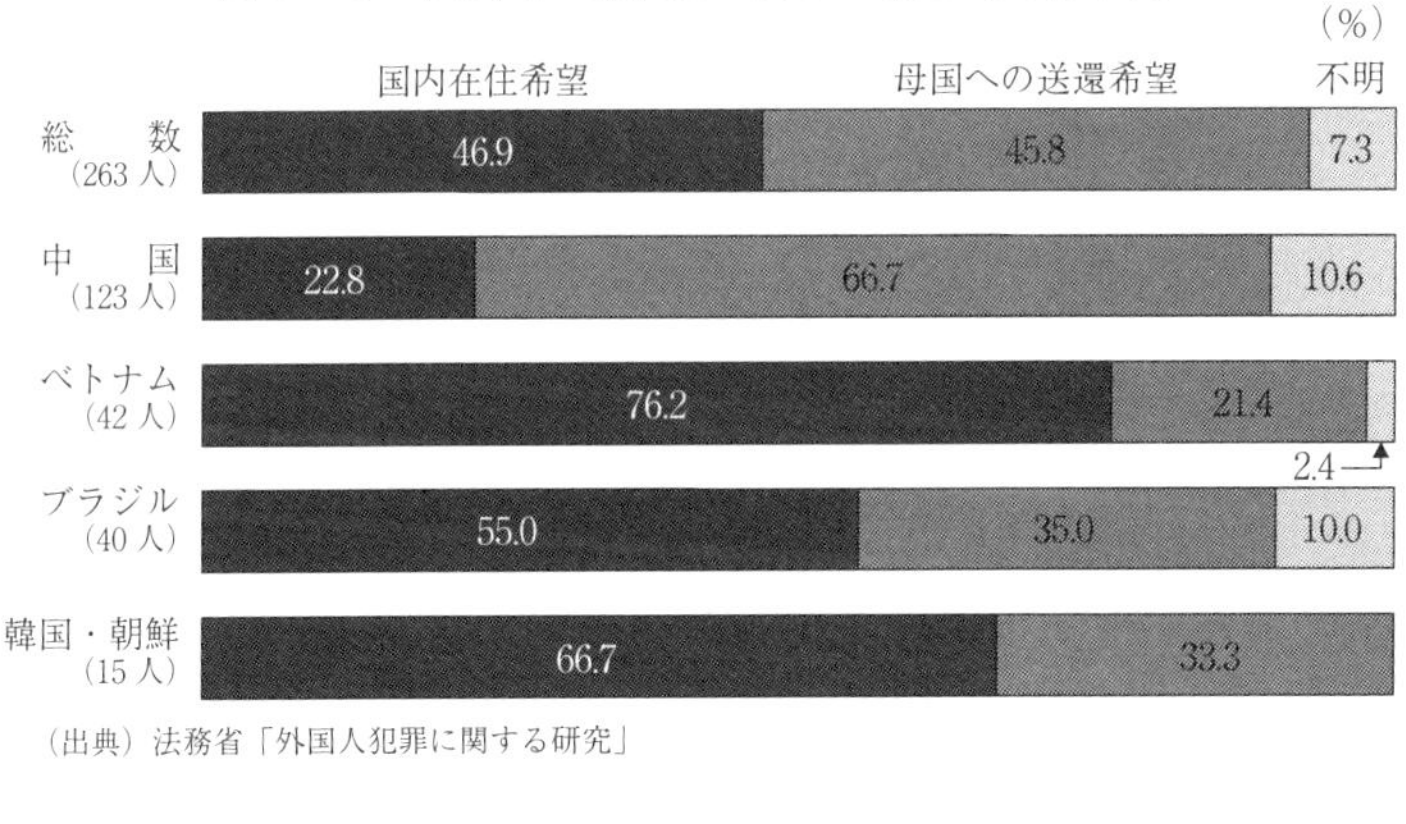

（出典）法務省「外国人犯罪に関する研究」

5　ベトナム人と日本人の国際結婚

ベトナム人と日本人の国際結婚はまだ水準としては低く、前章でみたように、人口動態統計上は「その他外国」に含まれている。

ベトナムは男性比率が高い

一つの理由は、在留外国人の構成のちがいにある。日本の国際結婚は日本人男性‐外国人女性の組み合わせに大きく偏っているため、女性在留者の多い国が国際結婚の比率も高まるからだ。

2018年6月時点の男女構成比をみると、フィリピン、タイなどは在留者に占める女性比率が7割以上、中国でも6割近い。これに対し、ベトナム在留者の女性比率は4割強と少ない（表6‐3）。このため、国際結婚統計上はまだ相対的に目立たない存在となっている。(9)

日本でのベトナム人女性の出生率の特異的な高さ

ベトナム人の増加につれて、ベトナム人との国際結婚も今後、徐々に増加してくることが予想されるが、その社会的影響を考えるうえで注目されるのは、出生率への影響である。是川（2013）は、日本における外国人女性の出生力について2010年と2000年の国勢調査の個票データを用

表６－３　2018年６月時点における国籍別・男女別・在留外国人

	総数（人）	男性（人）	女性（人）	女性比率（％）
中国	741,656	329,737	411,919	55.5
ネパール	85,321	51,678	33,643	39.4
フィリピン	266,803	77,878	188,925	70.8
タイ	51,003	14,360	36,643	71.8
ベトナム	291,494	162,747	128,747	44.2

（出典）法務省「在留外国人統計」から作成

いて分析を行っている。[10]

先行研究では、日本における外国人女性の出生率は日本人女性と比較しても低いことが指摘されてきたが、是川（２０１３）の分析結果は「属性効果[11]」等を考慮して、より厳密に分析しても、日本での外国人女性の出生率は概して日本人女性よりも低い、という先行研究の結果を裏書きするものとなっている。

ただし、例外はベトナム人女性であり、属性を考慮しても日本人女性より出生率が高い。なお、定住化で社会になじむことにより移民女性の出生率は上昇する傾向にあり、この点ではベトナム人女性も例外ではない。

６　ベトナムにおける宗教

文化的親和性の観点からは、宗教はきわめて重要である。このことは、欧州の経験からも明らかだ。また、近年、寺西重郎・一橋大学名誉教授は、宗教を背景とする資本主義精神の共有による情報の非対称性解消が成長の重要な源泉であり、日本の場合は鎌倉新仏教の成立が重要な意味を持った、という興味深い主張を展開している。[12]この主張を逆に展開すれば、外国人流入が異質の宗教間の衝突をもたらし資本主義精神の共通の基盤を破壊してしまうと、成長を阻害する要因になりかねない、ということになる。

ベトナムにおける宗教の比率

それでは、ベトナムの宗教はどのようなものだろうか。一般には仏教国と考えられているが、もう少し複雑な宗教・信仰構造になっているとみられる。

この点で参考になるのは、服部（２０１４）である。[13]この調査では、まず、ベトナムの国勢調査結果を紹介している。それによると、およそ8割の人々が「宗教／信仰はない」と回答しており、仏教徒と回答しているのは、１９９９年で全人口の約９％、２００９年はさらに少し低下して約８％にすぎない。

これに対し、統計数理研究所（以下、統数研）は、独自のアンケートを実施した。[14]その結果では「宗教がある（28・3％）」と「信仰がある（47・1％）」と回答した人の割合は75・4％と高い数字になった。

宗教がある・信仰がある、と答えた人に「何の宗教か」と聞いた。表6－4がその回答のまとめである。たしかに仏教の比率は高かったが、Ancestors worship（祖先崇拝）が、その他で挙げられた回答の中で割合が多かったので、新たな回答項目として追加されている。

表6－4　どの宗教を信仰しているか

（%）

宗教名	宗教あり＋信仰あり	宗教あり	信仰あり
Buddhism（仏教）	65.0	67.5	63.5
Catholic（カトリック）	11.3	26.1	2.1
Protestantism（プロテスタント）	0.3	0.7	—
Islam（イスラム教）	—	—	—
Hoa Hao（ホアハオ教）	—	—	—
Cao Dai（カオダイ教）	2.3	5.3	0.4
Brahmanism（ブラフマニズム）	—	—	—
Ancestors worship（祖先崇拝）	21.1	0.4	33.5
Other（その他）	0.3	—	0.4
計	100.0	100.0	100.0
回答数（人）	754	283	471

（注）1：宗教名は事前コード化したもの。回答者は自由に回答する。
2：ホアハオ、カオダイはベトナムの仏教系新宗教、ブラフマニズムはヒンドゥー教系の教え。
3：Ancestors worship（祖先崇拝）は、その他で挙げられた回答の中で、回答の割合が多かったので、新たな回答項目として追加した。

（出典）服部浩昌「ベトナムにおける宗教と信仰」

他の宗教への攻撃性の弱さと祖先崇拝の強さ

そして「宗教的な心は大切か」という質問について「大切」と回答した人の割合は、「宗教がある」人の80・2%、「信仰がある」人の67・5%、「宗教／信仰はない」人の27・6%となっており、宗教があると回答した人でも8割にすぎない。しかし、先祖を尊ぶべきか、という設問に対しては、99%以上のほぼすべての人々が先祖を尊ぶべきだと思う（「まったくそう思う」「そう思う」の合計）」と回答している（図6－7）。

この矛盾もはらむ複雑な回答は、いったい何を意味しているのだろうか。

まず、国勢調査における宗教・信仰に否定的な回答比率の高さは、ベトナムが社会主義国家であり、宗教も管理下に置いていることが国勢調査に現れている、ということが一応考えられ

図6－7　先祖を尊ぶべきか

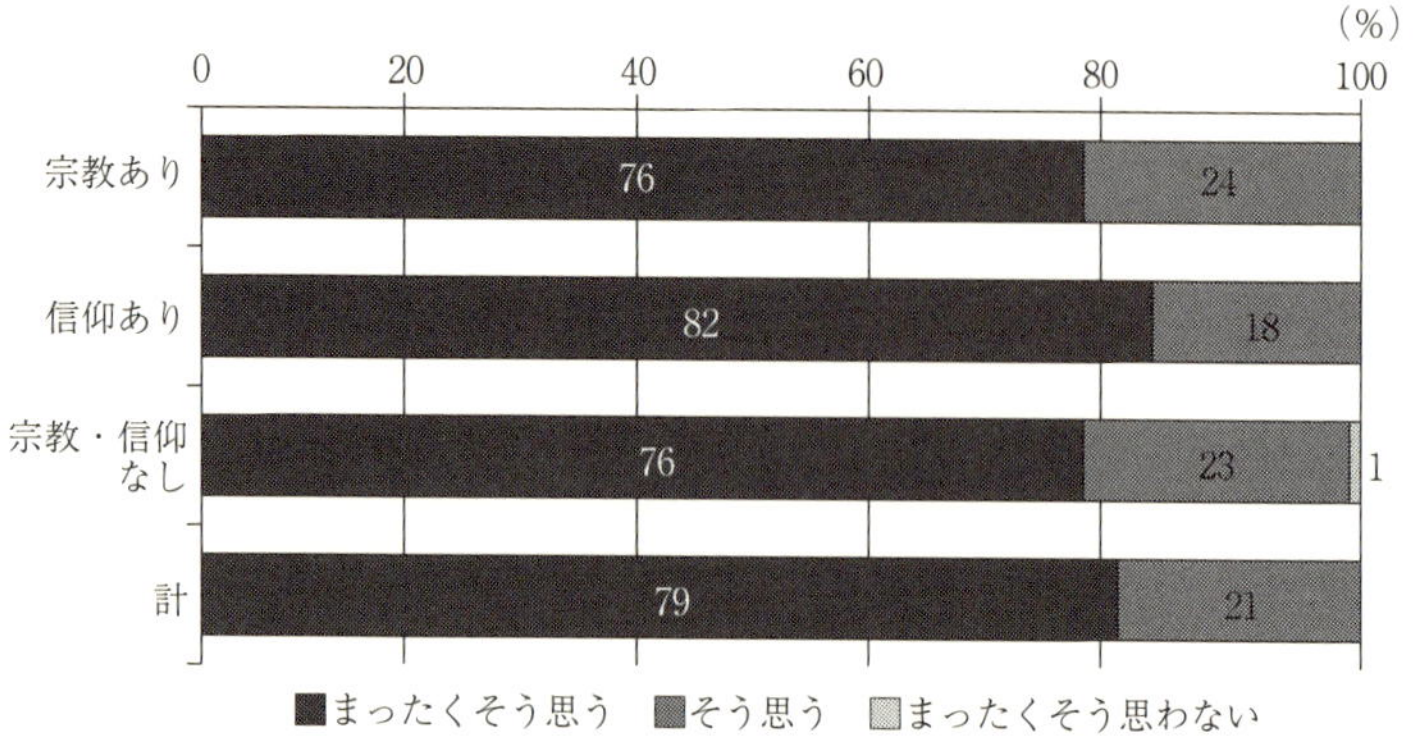

（出典）服部浩昌「ベトナムにおける宗教と信仰」

る。たしかに、南北統一後しばらくは、党・政府は宗教に対して比較的厳しい管理姿勢で臨んだようである。ただし、ドイモイ以降、宗教に対してより寛容な姿勢に転じ、宗教活動も活発化してきた、とされている[15]。

統数研の調査をみると、ベトナム人は、祖先崇拝を重視し、特定の宗教についてのコミットメントを最優先する姿勢にはないらしいこともうかがわれる。ベトナムの宗教の特色について、今井（１９９４）は、ベトナムの学者・ダン・ギエム・ヴァンの所説を引用し、各宗教はみな、独自の教義・儀礼を持っているが和合する傾向があること、大きな宗教紛争がなかった点がよき伝統的特徴として挙げられていること、また、ベトナムの伝統的な「正統的宗教」は共同体の加護と結びついており、家での祖先崇拝から、村、国家に対応する三段階の「本命神」があること、この三段階の本命神を否定しなければ、個々人の信仰には寛容であったこと（ただし、カトリックは１９６０年代まで祖先崇拝を認めず、地域の神の信仰を拒否したため、仏領期以前では、カトリックに対して非寛容な態度がとられた）を指摘している[16]。

日本人の信仰心との類似性

以上の点を念頭に置くと、ネットでの旅行者の以下のような観察[17]も納得がいく。実際にベトナムの人々とともに暮らし、その生活に触れてみると本当に大多数を占めると言えるのは、他の国でもメジャーな宗教ではなく、独自の文化と結びついた民間信仰だということがわかってきた、というのである。仏教寺院を訪れているベトナム人に「仏教徒」なのかと尋ねると、おそらく口ごもる人も多いだろう、これは仏教徒と言えるほど敬虔に仏教を信じている人は稀で、多くの人が民間信仰と仏教、そして無信仰的な考え方を合わせたような感覚を抱いているからなのだろうとし、ベトナムが仏教国などと言われながらも、クリスマスもイベントのようにして根付いているのも、そうした理由からであり、他の宗教の神もなんとなく自分たちの文化に取り込めてしまう、という。これは無神論的でありながら、教会で結婚式を挙げ、神社に初詣に出かけ、ご先祖様に心から手を合わせられる日本人とも近い感覚のように感じられる。

以上の点に照らすと、ベトナム人は、必ずしも仏教徒だから、というわけではなく、その宗教・信仰に対する全般的な姿勢からみて比較的、日本文化となじみやすいようにみえる。

7　ベトナム人からみた日本人、日本人からみたベトナム人

ベトナム人の日本人への見方

では、ベトナム人は日本人をどうみているのか。この点で参考になりそうなのは、２０１５年に米国のピュー・リサーチ・センター（Pew Research Center：アメリカ国内やグローバルな人々の問題意識や意見、傾向に関する情報を調査するシンクタンク）が、ピュー・グローバル・アティチューズ・プロジェクト（Pew Global Attitudes Project）の一環として実施した、アジアはお互いにどうみているか（Asians' Views of Each Other）という調査結果である[18]（表６－５）。

ピュー・リサーチ・センターはアジアの国がどの国が好きでどの国が嫌いか、ということを数字で示している。数値が高いほうが好きで、数値が低いほうが嫌いなわけである。これを見ると、たとえば韓国人や中国人は日本が嫌いということが明確に出ている。パキスタン、インドは中立的で、ベトナムは、マレーシア、フィリピン、オーストラリアと並んで日本が好きだという答えが８割を超えている。幸い、日本はベトナムとは歴史的に中国や韓国とのようなこじれた関係にはならなかったことが、こうした顕著な印象の差に現れているのかもしれない。

また、親近感の一因として、日本の文化がそれなりにベトナムに浸透していることも挙げられている。ベトナムでフィールドワークを行っているノートルダム清心女子大学の二階堂裕子准教授はブロ

表６－５　アジアはお互いにどうみているか

低 ←―― 好感度 ――→ 高

0　10　20　30　40　50　60　70　80　90

この国をどうみているか▶	日本	中国	インド	韓国
マレーシア	84%	78	45	61
ベトナム	82	19	66	82
フィリピン	81	54	48	68
オーストラリア	80	57	58	61
インドネシア	71	63	51	42
パキスタン	48	82	16	15
インド	46	41	—	28
韓国	25	61	64	—
中国	12	—	24	47
日本	—	9	63	21
中央値	71	57	51	47

（出典）ピュー・リサーチ・センター：How Asia-Pacific Publics See Each Other and Their National Leaders

グで[19]、ベトナムで日本のバイクが多く愛用されているといったことだけでなく、書店のマンガコーナーに行けば「ドラえもん」や「コナン」のシリーズが書棚の大部分を占めており、日本のアニメーションに対する人気が高く、技能実習生に対するインタビューでは「ドラえもんを読んで日本に憧れを抱いた」といった声をたびたび耳にした、といった点を指摘している。

日本人からみたベトナム：司馬遼太郎のコメント

では、日本人からみたベトナムはどうなのだろうか。作家の故・司馬遼太郎のベトナム取材記[20]の終わりに置かれたベトナムについての感想は際立って鮮烈である。

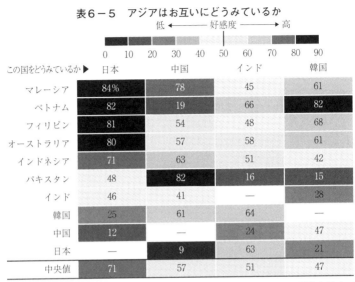

「ベトナムは懐かしい。一度そこに滞留した人は誰もがそう言う。私もこの稿を書きおえるにあたって、あふれるような感じでそう思っている。それはちょうど野末で自分の知らなかった親類の家を見つけたような気持ちに似ている。いつかまた帰れるという、たとえそういうことがないにせよ、その思いを持つだけで気持ちが救われる。そのような人々のいる国々だ」

ベトナムの人と接した日本人は、それぞれに異なるいろいろな直接的印象を持っているのだろう。しかし日本を代表する知性と感性を持つ司馬遼太郎の思いに照らすと、日本人にとってベトナムとの相性は本来的には悪くはないのではないか、と感じる。

いずれにせよ、外国人をより多く受け入れるという方向に舵が切られた以上、ベトナム人との関係が一段と重要性を増していることは間違いない。

付論　ネパールの現状㉑

国土・人口・民族

ネパールは、中国とインドに挟まれた内陸国で日本の4割弱の面積、2800万人程度の人口を擁する。ゴルカなどと呼ばれるインド系民族が約4割、モンゴル系のムガル族、チベット系のタマン族、土着のタワール族、ネワール族が各5～7%、インドから移住してきたマデシと呼ばれる人約20

％などからなる多民族国家である。ヒンドゥー教徒が人口の約８割を占め、歴史的、文化的にインドとのつながりが強いが、近年、インドとの政治的緊張が高まり、中国との関係を強めている。日本との関係では伝統的な親日国とされている。

内戦・対立が続いた国内政治

ネパールは長年政治的に不安定な状況にあった。歴史的には王政だが、第二次世界大戦後、いったん政党政治が行われた。しかし、１９６０年頃には国王がクーデターを起こして議会を廃止し、国王親政の体制を敷いた。

だが、１９８０年頃から民主化運動が強まり、90年には親政を廃止、新憲法のもとで政党政治を復活させた。その後、政争が激化し、96年に共産党マオイスト派がネパール人民共和国樹立のための武力闘争を開始、10年に及ぶ内戦が始まり、死者・行方不明者は１万５０００人に達した。

２００１年に国王を含む王族９名が殺害され、王弟が新国王に即位、２００６年政府と共産党マオイスト派の和平合意が成立、08年に王政が廃止され、ネパールは民主共和国となった。しかし、その後も主要政党の意見対立から新憲法がなかなか制定されないという状態が続いた。

この膠着状態が打破されたきっかけは、２０１５年４月にネパール中部で起きた大地震であり、犠牲者９０００人、全半壊家屋60万戸という惨状のもと、復興への危機感をばねに団結の機運が生じ、同年９月に新憲法が制定され、２０１７年の総選挙で、共産党マオイストと共産党ＵＭＬ派の左翼連合が勝利した。２０１８年5月に両派が合併し、ネパール共産党が発足、連邦議会上院・下院の議席の三分の二を占めることになり、長年の課題だった安定政権への期待が高まっている。

経　済

ネパールは南アジアの最貧国とされ、２０１６―17年度では、ＧＤＰは２８８億ドル、１人あたりでは１０００ドルにとどまる。就労人口の約三分の二が農業に従事しているが、そのＧＤＰへの貢献は3割に満たない約28・9％にとどまる。

ネパール経済を支えているのは、約３００万人、人口の1割弱の海外在住労働者からの送金であり、ＧＤＰの約3割に達している。国内で貧困が続き、大量の国民が海外で働くようになった背景に、長く続いた内戦と政情の不安定がある点に、ネパールの特異性がある。

【第６章注および参考文献】

（１）梅田邦夫「日ベトナム関係の現状」２０１８年4月3日ハノイ貿易大学における講演資料 https://www.vn.emb-japan.go.jp/files/000352067.pdf

（２）https://www.vn.emb-japan.go.jp/files/000448558.pdf

（３）石塚二葉（２０１４）「ベトナムにおける国際労働移動「失踪」問題と労働者送り出し・受け入れ制度」『東アジアにおける移民労働者の法制度：送出国と受入国の共通基盤の構築に向けて』日本貿易振興機構アジア経済研究所、第５章。

（４）梅田邦夫・駐ベトナム大使「ベトナム経済研究所講演資料」２０１９年２月４日による。

（５）たとえば、前掲の石塚（２０１４）のほか、新美達也（２０１４）「ベトナム人の海外就労　送出地域の現状と日本への看護師・介護福祉士派遣の展望」『アジア研究』60巻２号、69―90ページなどを参照。

（６）前掲新美（２０１４）では、Dao, Cong Hai (2013) "Bao Cao So Ket, Danh Gia Ket Qua Thuc Hien Ccc Giai Phap Giam Ty Le Lao Dong Viet Nam o Han Quoc Het Hop Dong Lao Dong Khong Ve Nuoc tai 11 tinh/ thanh pho."（韓国で就労する契約満了後に帰国しない11省／市出身ベトナム人労働者に対する諸対策結果概要報告）*Viec LamNgoai Nuoc*, 2013（1）, pp. 6-10. を引用し、２０１２年第２四半期には韓国におけるベトナム人労働者の57・４%、同年第３四半期には55・６%、同年第４四半期には53・１%が失踪しており、なかでも11の市・省出身者の失踪が飛び抜けて多い。ゲアン省の69・75%やハーティン省の61・94%、タインホア省の59・71%など、北中部地域出身者の失踪率が高い。そのため、韓国政府は２０１２年８月よりベトナム人労働者の新規受入を停止した、としている。

（７）入国管理局「平成29年の『不正行為』について」２０１８年２月、www.moj.go.jp/content/001249596.pdf

（８）たとえば、２０１９年１月７日『日本経済新聞』電子版記事「技能実習生が窃盗団に　劣悪な労働環境、失踪誘発も」など。

（９）なお、ベトナム女性との国際結婚の実体験をつづった有名な著作として近藤紘一著『サイゴンから来た妻と娘』（文藝春秋、１９７８年）がある。近藤はサンケイ新聞の特派員として１９７１年からベトナムに滞在し、サイゴン（現ホーチミン）陥落時にもサイゴンに滞在したが、サイゴンの下町の通称「幽霊長屋」でベトナム人の働き者の女性と同居した後、その前夫の娘とともに帰国して東京でともに暮らすようになった。著者のベトナム体験とベトナム人妻や娘の日本体験を通じた文化論であると同時に、感動的なノンフィクションとしてミリオンセラーになった。この本は、１９７９年第10回大宅壮一ノンフィクション賞を獲得し、文庫化もされている。

（10）是川夕（２０１３）「日本における外国人女性の出生力―国勢調査個票データによる分析―」『人口問題研究』69巻４号、86～１０２ページ。

（11）移民女性とホスト国女性の学歴、就業状態、夫との年齢差などの社会経済的属性のちがいにより出生率に差異が生じる効果。
（12）たとえば寺西重郎（２０１８）『日本型資本主義　その精神の源』中公新書。
（13）服部浩昌「ベトナムにおける宗教と信仰」統計数理研究所オープンハウス２０１４年6月13日。
（14）【アジア太平洋価値観調査―２０１３年ベトナム調査】(A)調査対象：ベトナム全国に居住する18～65歳のベトナム国籍を持つ男女　(B)抽出方法：クラスターサンプリング（誕生日法使用。割り当て表援用）(C)調査方法：個別面接聴取法　(D)調査時期：２０１３年12月から２０１４年1月　(E)回収結果：計画標本数１０００（１２９地点）―有効回収標本数１０００。
（15）今井昭夫（１９９４）「社会主義ベトナムにおける宗教と国民統合」『社会主義ベトナムとドイモイ』日本貿易振興機構（ジェトロ）アジア経済研究所、第4章１５３―１９０ページ。
（16）同前今井（１９９４）。
（17）「ベトナムの宗教はなに？　実は日本と近いベトナムの民間信仰とは」https://www.tabigurashi.com/entry/religionvietnam
（18）https://www.pewglobal.org/2015/09/02/how-asia-pacific-publics-see-each-other-and-their-national-leaders/
（19）二階堂裕子「なぜベトナム人は日本へ働きに行くのか？」２０１７年4月27日 http://www.ndsu.ac.jp/department/socio/blog/index_5.html
（20）司馬遼太郎（１９７４）『人間の集団について　ベトナムから考える』中公新書。
（21）この付論は、主として小川正史（２０１９）「ネパールの現状とわが国との関係」アジア福祉教育財団『別冊　愛』（2月）、外務省「ネパール連邦民主共和国（Federal Democratic Republic of Nepal）基礎データ」https://www.mofa.go.jp/mofaj/area/nepal/data.html#section1 に拠っている。

第7章　ＡＩは労働者を無用にするか――人口ペシミズムへの第三の異論

前章までは人口減少による人手不足、ひいては人口ペシミズムへの対応として外国人労働者ないし移民を導入することが日本の経済・社会にどのような影響を与え得るのかについて検討した。

しかし、問題はもう一つある。移民が日本社会に定着し、その数が増えていく場合、当面の間は現在の人手不足や人口ペシミズムが緩和され、移民が歓迎されたとしても、やや長い目で見た場合、技術進歩で多くの労働者が不要になるなら、移民とホスト国民が職を奪い合うような事態が起きないだろうか。

この章では、人口問題へのまったく逆方向の懸念、すなわちＡＩが労働者にとって代わる結果、四半世紀以内には、人手不足どころか大失業時代が来るという議論について検討する。

もし、この懸念が正しければ、移民が定着することは国内労働者との職の奪い合いにつながるおそれがあり、前章までの議論にさらに新たな要素を加える必要があることになる。

1 『ホモ・デウス』の描くディストピア

この懸念を骨太に展開したのは、イスラエルの気鋭の歴史学者であるユヴァル・ノア・ハラリである。彼は2015年、人類はどこに向かうか、という壮大な問題意識のもとで書かれた『ホモ・デウス』[1]を世に問うている。

この本の英語版は、2015年に出版された。その3年後の2018年9月30日に日本語版が発行され、同じ年の10月8日には早くも7刷となっており、その衝撃的内容に対する関心が日本でも高いことをうかがわせる。

「無用者階級」の登場?

人類の将来に関するこの本の議論は多岐にわたるが、その中で、本書の関心と深く関連するのは、「無用者階級」が登場する可能性についての議論である。

ハラリは、二十一世紀の経済にとって最も重大な疑問はおそらく膨大な数の余剰人員をいったいどうするかだろう、という。そして、ほとんどなんでも人間より上手にこなす、知識が高くて意識を持たないアルゴリズムが登場したら、意識のある人間たちはどうすればよいのか[2]、と問う。

彼の予想は悲観的だ。二十一世紀には、私たちは新しい巨大な非労働階級の誕生を目の当たりにするかもしれない。経済的価値や政治的価値、さらには芸術的価値さえ持たない人々、社会の繁栄と力と華々しさになんの貢献もしない「無用者階級」の人々は失業しているだけではない、雇用不能なのだ、と断じる。(3)

ハラリは、そんなのはずっと先の話だろう、という読者の反応を先回りするように自動運転車の実用化についての予測例を持ち出している。２００4年当時、マサチューセッツ工科大学（ＭＩＴ）教授のフランク・レヴィとハーヴァード大学教授のリチャード・マートンは、求人市場の徹底的な研究を発表し、自動化される可能性が非常に高い職業を列挙した。トラックの運転は、当分自動化され得ない仕事の例として挙げられていた。アルゴリズムが交通量の多い道路でトラックを安全に走行させられることは想像しがたい、と彼らは書いている。

それからわずか10年後、グーグルとテスラは、それを想像できるばかりか、現に実現させようとしている。(4)つまり、労働者がＡＩにとって代わられるのは、予想よりずっと早い可能性がある、とハラリは論じる。

米国の仕事の47％が20年以内に深刻な危機にさらされる？

そう論じたうえでハラリが持ち出してくるのが、２０１3年9月にともにオックスフォード大学の研究者であるカール・ベネディクト・フレイとマイケル・Ａ・オズボーンが書いた「雇用の将来（The Future of Employment）」という論文である。(5)

この論文の中で二人は、さまざまな職業が次の20年間にコンピュータ・アルゴリズムにとって代わられる可能性を計算している。ハラリは「この計算をさせるためにフレイとオズボーンが開発したアルゴリズムの査定では、アメリカの仕事の47%が深刻な危機にさらされると予測している」とする。当然ながら、2033年までには、たとえば「バーチャル世界デザイナー」のような新しい職業が誕生している可能性が高いとしたうえで、だが、おそらくそうした職業は、現在の平凡な仕事と比べてはるかに豊かな創造性と柔軟性を必要とするだろうし、40歳のレジ係や保険代理人が自分をバーチャル世界デザイナーに仕立て直せるかどうかは定かではない、と述べる。

ハラリの描く未来はコンピュータ・ゲームの愛好者以外にはディストピア（暗黒郷）だ。「やがてテクノロジーが途方もない豊かさをもたらし、そうした無用な大衆がたとえまったく努力しなくても、おそらく食べ物や支援を受けられるようになるだろう。だが、彼らには何をやらせて満足させておけばよいのか。人は何かをする必要がある。することがないと、頭がおかしくなる。彼らは一日中、何をすればよいのか。薬物とコンピュータ・ゲームというのが一つの答えかもしれない。必要とされない人々は、3Dのバーチャルリアリティの世界で次第に多くの時間を費やすようになるかもしれない」と描写される世界は荒涼とした印象を受ける。(6)

AI化による失業発生についてのさまざまな見方

本当にAIによって大失業が発生するのだろうか。現在の日本では、生産年齢人口の急速な減少に

表７－１　技術革新の労働需要への影響についての研究例

	先行研究名	技術革新の労働への影響	代替可能性の高い（今後減少する）仕事の例	代替可能性の低い（今後増加する）仕事の例	今後求められる取組み
1	㈱野村総合研究所レポート	労働人口の約49％が代替可能性が高い	必ずしも特別の知識・スキルが求められない職業	他者との協調や、他者の理解、説得、ネゴシエーション、サービス志向性が求められる職業	—
2	経済産業省 「新産業構造ビジョン」	・従業者数735万人減少（現状放置シナリオ） ・従業者数161万人減少（変革シナリオ）	バックオフィス等、従来型のミドルスキルのホワイトカラーの仕事	上流工程や IT 業務における、ミドルスキル・ハイスキルの仕事	・就業構造の転換に対応した人材育成 ・成長分野への労働移動
3	総務省情報通信政策研究所「AI ネットワーク社会推進会議　報告書2017」	付加価値の高い業務への配置転換や新たな雇用創出の可能性も見込まれる	ルーティンタスク	—	・新しく創出させる雇用への円滑な移行 ・適応のための教育や人材育成
4	厚生労働省「IoT・ビッグデータ・AI 等が雇用・労働に与える影響に関する研究会報告書」	ただちに今働いている人の失業を意味するわけではない	ホワイトカラーの仕事	人が直接対応することが質・価値の向上につながるサービスに係る仕事	・能力開発機会の提供 ・新しい価値創出のための AI 等の投資・活用
5	厚生労働省「平成29年版労働経済の分析」	今後実態の把握に努める必要がある	定型的業務が中心の職種	新しい付加価値の創出に役立つ技術職	AI を使いこなす能力や、AI に代替されにくいコミュニケーション能力の向上のための取組み
6	Arntz *et al.*「The Risk of Automation for Jobs in OECD Countries: A Comparative Analysis」	自動化リスクの高い仕事は９％にすぎない ※当該割合自体も過大推計である可能性があることを研究内で示唆している	教育水準や所得水準が低い労働者の仕事	—	技術革新に伴う潜在的な格差拡大や職業訓練への対処

（出典）厚生労働省労働政策担当参事官室の取りまとめ資料(7)

伴い、人手不足は空前の深刻さになっている。すでにみたように、有効求人倍率はバブル期のピークだった１９９０年7月（1・46倍）を上回り、狂乱物価時代の１９７４年2月（1・53倍）すら超えているではないか。それが失業の大量発生する世界にどうつながっていくのだろうか。

半信半疑の中で、日本でもＡＩの進歩が将来の雇用にもたらす影響についての関心は徐々に高まってきているようにみえる。ＡＩの進化により、人工知能やロボット等により代替できるようになることで、労働者がどの程度不要になるのか、といった予測は大きな関心を集めつつあり、さまざまな試算が公表されている（表7－1）。

むろん、ＡＩがどこまで進化するか、という予想を含め、これらの試算には手探りの要素が大きいから、あまり大きな影響はないという見方から、大規模な失業が発生するという懸念まで、現時点での予測の幅は大きい。

この中で、ＡＩによって代替され消える可能性がある仕事は労働人口の約49％にあたる、という最も衝撃的な数字を発表しているのは野村総研のレポートである。

ところが、野村総研が依拠している手法は、やはりマイケル・オズボーンとカール・フレイの論文の手法である。この二人の論文が２０１３年に公表されたときには、ハラリも引用しているように、アメリカの労働力人口の仕事の47％が人工知能とロボットに代替される可能性がある、という結論が大きな衝撃を与えたが、野村総研のレポートはオズボーンとの共同研究というかたちで、米国のデータセットと類似の日本のデータセットにフレイらの手法をあてはめている。だから、米国に近い衝撃的な結果が得られることは当然だ。

すると、ハラリの議論だけでなく、野村総研のレポートについても、結局、フレイとオズボーンの論文の手法を検討して、ＡＩによる大量失業発生の説得力を検証する必要がある、ということになる。そこでこの章は、その作業から始めよう。

2　フレイとオズボーンの「ＡＩによる失業発生の可能性」についての分析

ところで彼らの手法は「この計算をさせるためにフレイとオズボーンが開発したアルゴリズムの査定」というハラリの書きぶりが与える印象は、将棋ソフトのポナンザや囲碁ソフトのアルファ碁のように、人間の思考法と隔絶した手順で結論が紡ぎ出されてくるように読める。だが、彼らの手法はおよそＡＩにお任せのブラックボックス化ではない。基本的には理解しやすいものだ。

ただし、それなりに面倒な作業を伴うのでＡＩにも出番がある。だから、この手法について直接説明するまえに、その分析の原理的ルーツにあたるもう少し素朴な研究から見ておこう。

原理的ルーツ：オフショアリングの可能性についての研究

それは連邦制度理事会副議長を務めたアラン・ブラインダー（プリンストン大学）のオフショアリングについての研究である。

オフショアリングとは、業務の一部分や全部を海外に委託・移管することを指す。言い換えれば、海外への「業務移管（アウトソーシング）」である。典型的な事例は、たとえば顧客への電話対応業務を専門に行うオペレーターによるコールセンター拠点を人件費の高い米国からインドに移す、というものである。

2000年代、バックオフィス業務をはじめ、さまざまな業務にオフショアリングが拡大した。あまりにも急激にオフショアリングが進んだことで、米国では「国内の雇用が海外へ流出し、労働者を脅かしている」として政治的関心が高まった。

ブラインダーも、米国やその他の富裕国から他の（大半が貧しい）国のサービス部門への雇用の移行（オフショアリング）に着目した。これが今後も大きな潮流として続く可能性が高いと考えた彼は、「新しい産業革命」を構成するのにふさわしい十分な広がりがある潮流、と主張するに至る。

ブラインダーは、サービス業のオフショアリングは二つの大きな新潮流――情報通信技術（たとえばインターネット）の驚くべき進歩と1990年代以降のインド・中国をはじめとする新興国等の世界経済への参入――によってもたらされた、と考え、それがどこまで広がり、国内雇用を奪う可能性があるのか見極めようとした。

オフショアリングの可否は何で決まるのか。その原理的な線引きができれば、原理的に可能なものは技術進歩など環境要件が整えば、いずれは実際にも可能になるだろう。だから、原理的な線引きができれば、オフショアリングの上限を定めることができる。そう考えたブラインダーは、オフショア

リングの可能性の可否を原理的に決定するのは何か、を突き詰めて考え、

・　直接人間から人間に提供されるべきもの
・　直接人間を媒介する必要のないもの

という二分法で分類が可能である、という結論に至る。

最初のカテゴリーには、低賃金の玄関番のボーイから保育士、そして高賃金の外科医など多岐にわたる仕事が含まれる、という。同様に、２番目のカテゴリーにも、コールセンターのオペレーターのような比較的単純な仕事から、科学者のようなハイエンドの仕事までが含まれる。

コールセンターのオペレーターの声による応答は電気信号を媒介したやり取りが可能であるので、ニューヨークからの電話に対しニューデリーで受け答えすることは可能である。しかし、むずかるニューヨークの赤ん坊をその手で抱き上げ寝かしつける仕事はニューデリーの保育士にはできない。

オフショアリングの可否を検討する際に焦点を合わせるべき本質的な属性は、仕事のスキルや学歴ではなく、そのサービスが「品質の低下をほとんどまたはまったく伴わずに電子的に（そのエンドユーザーに）提供され得るか」どうかによる。

そこでブラインダーは、さまざまな仕事を、せっせとこの基準で主観的に分類していく。具体的には、まず８００以上のＢＬＳ（Bureau of Labor Statistics：労働統計局）職業コード上の仕事の性質に関する詳細な情報を使用して、その職業をオフショアリングするのがどれくらい簡単か、あるいは難しいかでランク付けするところから着手した。そしてそのランキングを使って、すべての米国の仕

事の22％から29％の間のどこかが論文執筆時点から10年か20年以内に潜在的にオフショアリング可能である、と見積もった(8)。

言い換えると、職業分類上の職業のうち「オフショアリングと相性の悪い、エンドユーザーとの直接の接触を必要とするという意味でパーソナル要素」を含む職業を排除することで、オフショアリング可能な職業を数え上げたのである。

AIが苦手なもの：フレイとオズボーンの分類原理

フレイとオズボーンの方法は原理的にはブラインダーの手法に倣ったものといえる。ただし「AIに代替できるかどうか」の原理的線引き基準は、「オフショアリング」に比べるとはるかに複雑だ。

フレイとオズボーンは、現時点だけでなく今後の技術進歩もにらんだうえで、AI化——彼らの言葉を使うと、機械学習（Machine Learning：ML）と可動ロボット（Mobile Robotics：MR）の組み合わせが人間の労働者に代替すること——を困難にするボトルネック要素——オフショアリングの場合なら、直接人間から人間に提供される必要性——として以下の三点を挙げている。

①**創造性**（Creativity）
抽象的な概念を新たに生み出したり、文脈を理解したうえで目的に沿って方向性や解を提示する能力
②**社会的コミュニケーション力**（Social Intelligence）

図７－１　ＡＩへの置き換え確率とボトルネック要素の関係

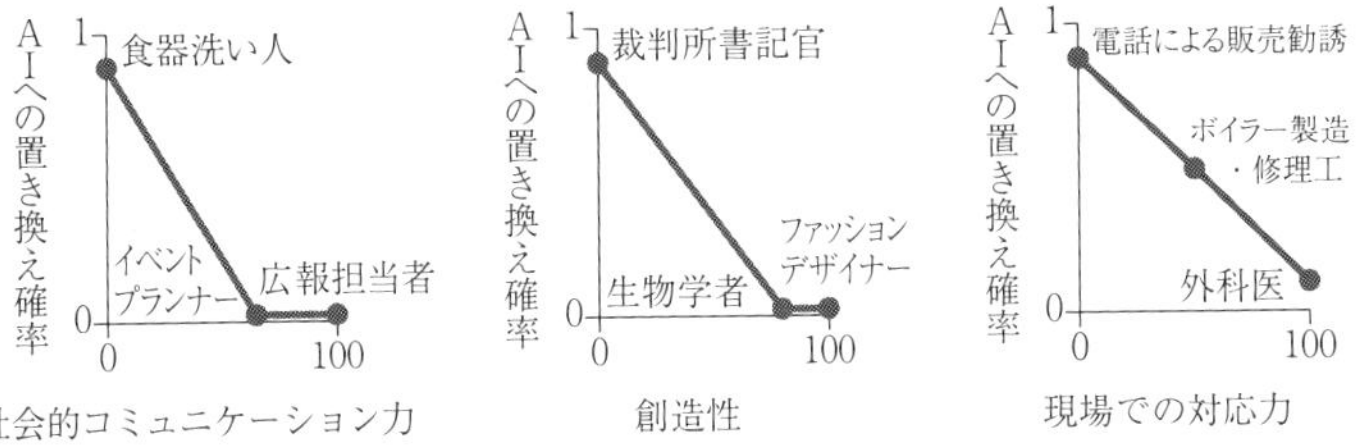

（出典）Frey and Osborne（2013）

理解・説得・交渉といったコミュニケーションや、コミュニケーションをもとにしたサービスのために自分と異なる他者と協調できる能力

③現場での対応力（Perception and manipulation）

役割が体系化されておらず多種多様な状況に対応する能力。あらかじめ用意されたマニュアル等からはずれた出来事に自分自身で何が適切であるか判断し対応できる能力

彼らは、現存するいろいろな職業には、これらのボトルネック要素を多く含んでいるものとそうでないものがある、と考える。ボトルネック要素を濃厚に含む職業は将来ＡＩに置き換えることが難しく、ボトルネック要素が稀薄なものはＡＩに置き換え得る可能性がある。

フレイとオズボーンの論文では、職種によってＡＩに置き換えられる確率とボトルネックの関係を数値化したイメージを図７－１のように例示している。

ＡＩを使った「教師あり学習」

ここまでは「ＡＩのアルゴリズムによる査定」という話は出てこな

い。しかし、広範な職業について、現時点だけでなく今後の技術進歩もにらんだうえで、三つの要素を考慮しながらブラインダー的に分類するのは大変労力の要る作業になる。

ここで、フレイとオズボーンは、ＡＩを使った方法を導入する。

そもそも、フレイは経済学者だがオズボーンはＡＩによる機械学習の専門家である。そういうわけで、機械学習が登場するのだが、その手法はＡＩが査定しているというよりは、人間が模範解答を示し、その模範解答に従ってＡＩが採点している、という要素が色濃い。この研究では「教師あり機械学習」の手法が用いられているからだ。

「教師あり機械学習」は、機械学習の手法の一つである。日立製作所のサイトの科学技術用語解説では、「人間が用意した正解とともにデータを学習させることで、コンピュータが人間の意図したとおりにデータを分類できるようにする。学習には『トレーニングデータ』や『教師データ』などと呼ばれる、人間が分類のためのラベルを付けたデータを使用する」と説明されている[9]。「代替可能性の線引き」という勝負は、基本的に第一ステップの教師データの作成によって決まる。ＡＩは、この模範答案の判断に従うだけだ。そして模範答案の作成という部分での作業は、本質的にはブラインダーとまったく同様の人間による主観的分類である。

主観的分類のために、まず、フレイとオズボーンはオックスフォード大学工学部でワークショップを開催した。このワークショップで彼らは70の職業について機械学習の研究者グループと一緒に——たぶんコーヒーでも飲みながら——さんざん議論したはずである。その結果で70の職業について、Ａ

図７－２　労働者をＡＩに代替できる確率の職業別分布

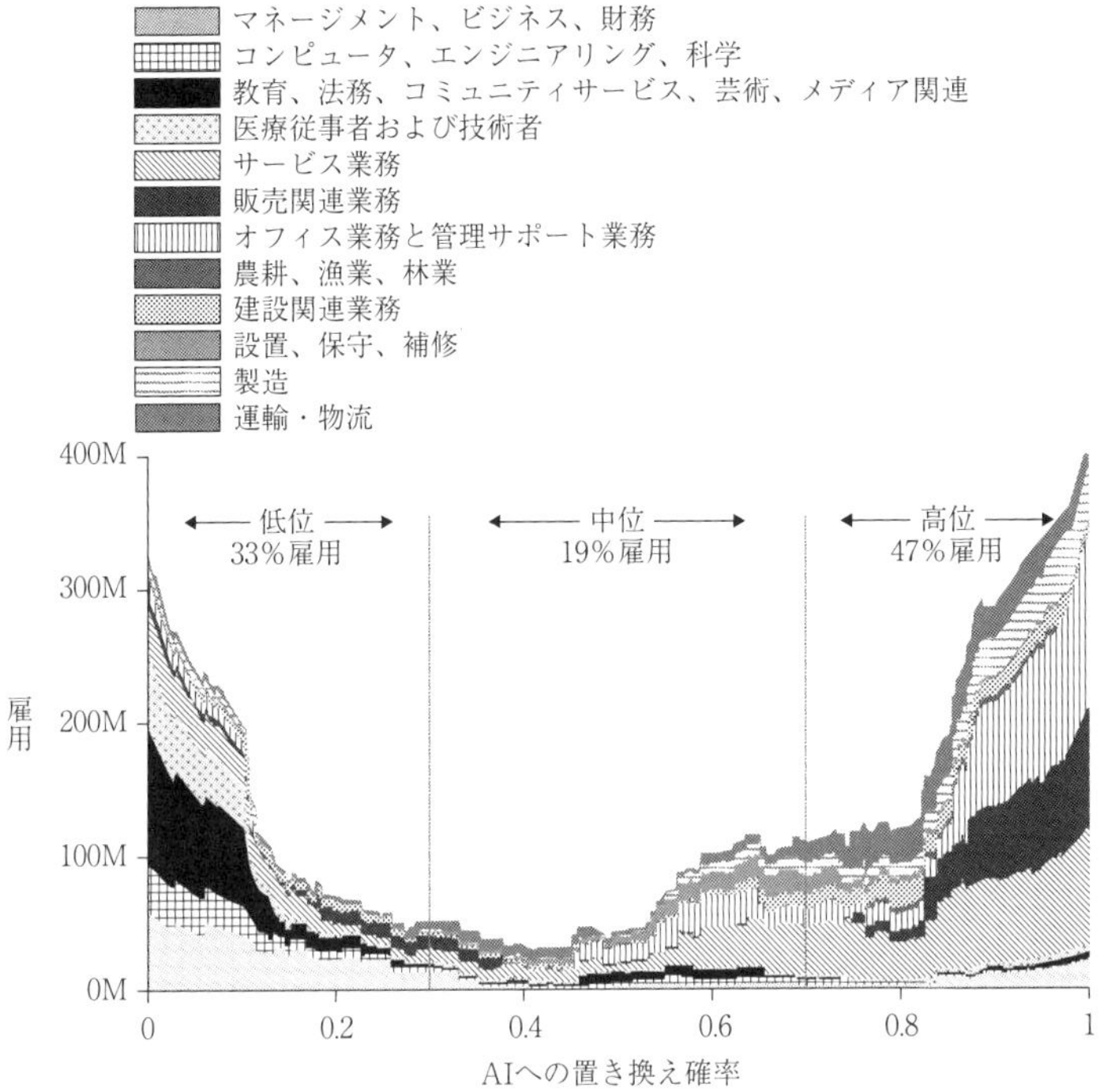

（出典）Frey and Osborne (2013)

Ｉ化可能なら１、そうでなければ０というラベルを主観的に貼り付けた[10]。ちょうど、冥界の法廷で、閻魔大王が亡者を「浄土行き」と「地獄行き」を独断でどちらかに分類するように、ワークショップ参加者が職業を「ＡＩ化可」と「ＡＩ化不可」に振り分ける、そんなイメージであり[11]、これが教師データになる。

次のステップは教師データからＡＩ化可能性を判定するための因子をＡＩに機械学習させる。各因子の「重要度」を算出させ、それぞれの職務のＡＩ化可能性の確率を算出する、という手順になる。その際、各職務が含む、先述の創造性、社会的コミュニケーション力、現場での対応力という三つのボトルネックが重要になるが、彼らは、これらの属性を代表する9つの変数(12)をアンケート調査から特定し、それぞれの要素の重要性を教師データから学習させ、それを使って職種別のＡＩ化可能性確率を計算する、という手順を踏んでいる。計算結果は、図7－2のとおりである。

ＡＩ化可能性の確率が66％以上の職業を「ＡＩに置き換わる可能性が高い職業」と定義すると（この定義にも必然性はないが）、米国の場合は47％というのがフレイとオズボーンの論文の結果になる。そして、同様の手法を日本の類似データにあてはめて計算をすると49％になる、というのが野村総研のレポートということになる。

3　ＡＩ化の進展によって既存の職業はＡＩに代替されるか

以上のように、フレイとオズボーンのアプローチは、基本的に、ブラインダー同様の人間的な分類作業をＡＩが補助して効率化した、という内容のものだ。

主観的分類はどの程度の確度があるか

しかし、こうした分類は、本質的にきわめて困難な作業であり、予測誤差は非常に大きいことが予想される。

一つの例として、ブラインダーがオフショアリングの困難な職業の例として挙げている「外科医」を考えてみよう。

ほぼ10年前の論文のなかで、ブラインダーは外科医をオフショアリング困難な職業として挙げた。しかし、遠隔手術（医療用のソフトウェアとハードウェアを装備したコンピューターを医師が操作し、遠隔地にある手術ロボットを操作することによって行う手術）は、２００１年にすでに実施されている。ブラインダーが外科医のオフショアリングが近未来では非現実的とした理由の一つは、この当時の手術のように、遠隔手術を専用回線経由で行おうとすれば、莫大なコストがかかり、コスト節約を大きな動機とするオフショアリングの対象にはならない、と考えたのだろう。

こうした観点からみると、外科手術のオフショアリングの技術的可能性は近年急速に高まっている。２０１９年2月28日、ＡＦＰ通信は、スペインの医師らが2月27日に第5世代（５Ｇ）移動通信システムによる手術の遠隔指示に世界で初めて成功した、と報道した。

ここで、５Ｇの技術が重要になるのは、専用の回線を使い莫大なコストをかけなくても、遠隔手術が可能になるためだ。ＡＦＰは、５Ｇの技術によってインターネット経由でも情報が伝達される際の待ち時間が大幅に短縮され、画像やデータは発信とほとんど同時に受信された、としている。手術の間、５Ｇの接続によるタイムラグはわずか０・０1秒だった（これに対し、現在ほとんどの発展途上地域を網羅する4Ｇネットワークは、０・２7秒のタイムラグがある、としている）。５Ｇ技術を利用すれば医師が遠隔地に出張せずに済むため、高度な訓練を受けた医師が移動せずに世界中に比較的安価で外科的な医療行為を提供できる可能性が高まる、ということになる[13]。

しかし、インターネットはコストの節約には寄与するが、セキュリティの面で大きな問題を持つ。実際、遠隔医療システムの情報セキュリティ上の安全性への問題も、改めて関心を集め始めている。MITテクノロジーレビューは、2015年に遠隔手術用の機器やプロトコルはサイバー攻撃に対して脆弱で、遠隔手術の視聴や妨害だけでなく、完全な乗っ取りも可能だった、という実験報告を紹介している[14]。

インターネット経由の遠隔手術が実用化される際には、現在の丸裸に近い状態から暗号化を進める、ということが必要になることが想定されるが、たとえば手術映像の暗号化は、非常に厳しい環境での遠隔手術に想定される種類のネットワーク・リンクにおいてはおそらく実用的ではない。だとすると、そのことはプライバシー上の重要な問題を提起してしまう、とMITテクノロジーレビューは論じている。

結局、遠隔手術による外科医のオフショアリングがビジネスとして成り立つか、という問題は、遠隔手術の狭義の技術的実行可能性だけでなく、遠隔手術の担い手が、遠隔手術機器の安全性、プライバシー、コストのトレードオフを勘案して提供できる医療に対し、政策当局と一般の人々がそれを許容できる水準だと感じるか、ということで決まっていくことになる。

このように、オフショアリングが困難な職業の典型例としてブラインダーが挙げた外科医ですら、最終的な線引きは、技術的可能性、コスト、安全性、プライバシーについての社会の相場観がどのように形成されるかにより、着地点は大きくかかわってくる。この点は、オフショアリングにせよＡＩ化にせよ、多かれ少なかれ、どの職業でも当てはまる問題、ということになる。したがって、その予測誤差はきわめて大きい。主観的分類という形容が重要なのは、そこをあえて大胆に見切る作業だからにほかならない。

中期的に大失業は発生するか

このようなアプローチであることを踏まえて、アメリカの仕事の47％、日本の仕事の49％が深刻な危機にさらされるという予測の妥当性、つまりこの章の関心であるＡＩの進化によりハラリが懸念するような大失業が発生するのか、という問いへの答えを考えると、長期的にはともかく（この点は後述する）、20年以内という中期的な展望としては、大失業が発生することはないだろう、と筆者は考える。

以下、その理由を説明する。

第一に、既存の職業がＡＩによって代替できる可能性がある、ということは上述のように現実に代替される、ということを必ずしも意味しない。

第二に、仮に既存の職業のかなり多くが実際にＡＩに代替されたりディープラーニングで消滅したとしても、労働力供給の減少を考えると、大失業が発生するとは考えにくい。

順に、もう少しくわしく検討しよう。

既存の職業は本当に消滅するか

２０１９年２月１日、スタンフォード大学で経済学者やＡＩの専門家が集まり、テクノロジーが職場をどのように変えているかを話し合う「仕事の未来（Future of Work）コンファランス」が開かれた。[15]

このコンファランスには、労働経済学分野の大スターであるＭＩＴのオートーも参加しているが、注目されるのは、著名なミクロ経済学者で、２０１９年現在はグーグルのチーフエコノミストであるハル・バリアンの発言である。

バリアンは労働者の仕事がＡＩに置き換わっていくという見方には懐疑的である。「自動化」は一般に、退屈で面倒で繰り返しの多いタスクを取り除く。もし、仕事を構成するすべてのタスクがＡＩによって取り除ければ、その仕事は消えることになる。しかし、彼は、そうした職業の消失は稀にしか起きない、と主張する。

その証拠として、彼は１９５０年に米国国勢調査局（census bureau）がリストしアップした２５０の職業の中で、その後、完全に消えた唯一の仕事はエレベーターのオペレーターだけだ、と述べている。さらに、訪問者への挨拶や案内など、エレベーターのオペレーターによって実行されるタスクですら、その一部は、受付係や警備員に移転しており、オペレーターのタスクを担う人間が消えたわけではない。

ちなみに、人手不足が深刻なはずの日本で、バリアンが唯一、米国では消えた職業としているエレベーターのオペレーターは、百貨店などには残っているところがまだあるようである。[16]ＡＩで代替可能であることは、代替が必然的に起きることを意味しない。

兵士はＡＩへの置き換えが進み得るが……

少し異なる角度から考えてみよう。職業というのは、実際にやってみると、かなり複線的なタスク・ラインをトータルに受け持っていることが多い。

具体的な職業の例を挙げて考えてみる。ハラリが挙げる、ヒトからＡＩへの置き換えが進みそうな仕事の例として非常に説得力のあるのは「兵士」だ。ハラリは、ＡＩによる兵士の代替について、以下のように書いている。

「いまや各国は消耗品のような兵士を際限なく必要とする代わりに、高度な訓練を受けた少数の兵士と、さらに少数の特殊部隊のスーパー戦士と、高度なテクノロジーの生み出し方と使い方を知っている一握りの専門家さえいれば済む。ドローンやサイバーワームから成るハイテク部隊が、二〇世紀の巨大な軍隊にとって代わりつつあり、将軍たちは重大な決定を次第にアルゴリズムにゆだねるようになっている。[17]

……（中略）……

たとえ勝利よりも正義を重視する人でさえ、おそらく兵士や操縦士を自律型のロボットやドローンに替えることを選ぶべきだろう。人間の兵士が殺人や強姦や略奪を働くし、規律正しく振舞おうとしているときでもなお、誤って民間人を殺してしまうことが多すぎる。倫理的なアルゴリズムをプログラムされたコンピュータがあれば、その方がはるかに簡単に、国際刑事裁判所の最新の判決に従うことができるだろう。[18]」

これらの議論は、この限りでは、きわめて説得力を持って響く。

自衛隊員の大半をＡＩに置き換えることはできない

しかし、それでは、各国の軍隊は高度な訓練を受けた少数の兵士とＡＩに置き換わって縮小していくだろうか。それは軍隊の担うタスクに依存する。

たとえば、日本の自衛隊員の大半をＡＩに置き換えられる、ないし、置き換えるべきだろうか。それは不可能と思える。

日本の自衛隊は、自衛隊法に基づいて実にさまざまな活動を行っており、その中には災害派遣、地域防災派遣、原子力災害派遣など災害への対処が含まれている。

これをもとに自衛隊は、自然災害をはじめとする各種災害の発生時に、被災者や遭難した船舶・航空機の捜索・救助、水防、医療、防疫、給水、人員の輸送といった多様な活動を行っている。[19]

２０１９年１月に日本経済新聞は、世論調査で８つの機関や団体、公職を挙げてそれぞれの信頼度を尋ね、「信頼できる」が最も高かったのは自衛隊で60％にのぼった、との記事を掲載した[20]。5割を超えたのは自衛隊のみで、次いで信頼度が高かったのは裁判所（47％）、警察（43％）、検察（39％）、教師（32％）の順で、司法・捜査当局への信頼が高かった。

自衛隊についてはいずれの世代も信頼度が6割前後と高く、「信頼できない」は7％にとどまった。その理由についてこの調査を実施した日本経済新聞は、過酷な現場で被災者を救出したり、避難所の支援をしたりする姿などが繰り返し伝えられ、高く評価されているとみられる、と論評した。このような理由で自衛隊を肯定的に判断した国民の中で、自衛隊は高度な訓練を受けた少数の兵士とＡＩに置き換えるべきだ、と考える人は多くないのではないか。

こうした多目的活動は必ずしも自衛隊の特殊性によるものではない。たとえば、米軍も同様の多様な活動を大規模に展開し得る能力を持ち訓練を行っている。それは「トモダチ作戦」からも見て取れる。

２０１１年3月11日の東日本大震災の発生から5時間半後、当時のバラク・オバマ大統領はホワイトハウスで「日本の人たちがこの悲劇を乗り越える間、私たちはそれを傍で支えようと強く決意している」との声明を出した。東アジアに展開する米国海軍・海兵隊の兵力の多くが、一斉に、東日本の被災地に向かう準備を開始し、米軍による本格的な救助活動が開始されたのは、わずか2日後の3月13日であった。その翌日の3月14日、米軍の救助活動は「トモダチ作戦」と命名された。米国のジョン・ルース駐日大使（当時）は、3月12日の記者会見で「米軍と自衛隊との間では長い間日常的に共同訓練を繰り返してきており、米軍はこの地域での人道支援・災害救助に慣熟している」と述べている[21]。

4　既存の職業の相当部分が消滅したら大失業が発生するのか

次に、既存の職業のかなり多くがＡＩに置き換わったとしても、それにより20年以内に大失業が発生するだろうか。それも起きにくい。理由は以下の三つである。

人口減少のほうが強力に作用する

おそらく最大の理由は、人口減少である。先に引用したスタンフォード大学のコンファランスでバリアンは、将来の雇用状況を予測するには、需要と供給の双方を考慮に入れることが重要だと主張している。人間が担っている仕事がＡＩに置き換わることによって労働需要が減って失業が増える、という要因に焦点が当たっているが、人口要因に鑑みると、労働供給の大幅な減少の潜在的な規模のほうがはるかに大きい、というのである。

移民や大災害の可能性を除けば、これから30年後に米国に住む40歳の人口が何人になるか、ということは比較的簡単にわかる。バリアンは、ＡＩが労働供給に与える影響について最も多めに見積もっている専門家の推定と労働力の減少を意味する人口動態を比較すると、人口動態効果はＡＩ化効果より53％大きい、したがって、双方の要因を考慮すると、実質賃金は低下するよりも高騰する可能性が高い、とする。

日本の現状は米国よりはるかに急速に生産年齢人口の減少が進み、人手不足が深刻化している。ＡＩ化により多くのタスクからヒトが解放されることは需要超過を緩和させるだろうが、供給超過までもたらす、とは考えにくい。

新たな職業の誕生

第二の理由は、ハラリも述べているように、もし、既存の職業がＡＩに代替されそこでの労働力が不要になったとしても、技術革新で社会が変われば、それに応じて新しい職業が誕生する可能性が高いからだ。その具体像と規模についてイメージするのはそう簡単ではない。それが、大規模な無用階級の発生というハラリの悲観的な予想につながる。しかし、新しい職業が予見困難だということは、新しい職業が生まれないということではない。

そもそも、コンピュータ時代の到来は多くの新しい仕事をこれまでも生み出してきた。アセモグルー（ＭＩＴ）とレストレポ（ボストン大学）は論文の中で、ソフトウェアとコンピュータは、いくつかのホワイトカラーのタスクを代替してきたが、同時にいくつもの新しいタスクを創り出したことを指摘している。その中にはソフトウェアやアプリ開発、データベースの設計と分析、コンピュータセキュリティなどのプログラミング、ハイテク機器の設計と保守に関連するタスクが含まれる、としている。[22]

長期的展望と日本の歴史的経験

長期的に展望するほど、新しい職業の具体的な姿はわからなくなる。だが、それはこれまでも繰り返し経験してきたことだ。そのことを確認するために、思い切って、歴史を150年ほどさかのぼり、明治維新直後の揺籃期の日本に立ち戻ってみよう。

1874（明治7）年6月、征韓論に敗れて下野した西郷隆盛は、旧鹿児島城内に旧士族のため私学校を設立した。そして1877（明治10）年1月29日、この私学校の生徒が鹿児島の鎮台の弾薬庫襲撃を行い、これをきっかけとして日本最後の内戦となる西南戦争が起こることになる。

その1874年における日本の労働力の構成比をみると、第一次産業（農林水産業）の割合は71％に達していたが、1890年には62％に低下した。この間、第二次産業（鉱工業・建設業）は1874年の12・7％から1890年には19・5％と上昇してこれを相殺した。[23]

第一次産業の縮小と第二次産業の拡大により内訳は大きく変わっているものの、合計では、1874年、1890年のいずれをとっても約8割の労働者が、どちらかの産業に就業していたことになる。

タイムマシンに乗って1890年代に立ち戻ることができたとして、明治時代の経済人に対し、「2018年現在では、労働力人口のうち、主に食糧を生産する第一次産業へ就業している人間の比率は３・５％にすぎず、主にものづくりを担う第二次産業に就業している人の比率も20％台前半だ。比率だけでなく、実数も長期的な低下が続いている」と伝えたとしよう。明治の人たちは、彼らは日本の将来世代の職業生活が想像できず、大失業が発生しているのではないか、と大きな不安を感じるだろう。

働きたい意欲も職を創り出す要素になる

第三の理由は、そもそも多くの人は、コンピュータ・ゲームで時間をつぶすよりは働きたい、と思う可能性が高い、ということだ。

この点に関連して、オートーは、米国における労働者の雇用は、生活水準の大幅な向上にもかかわらず一般に（少なくとも）過去１世紀にわたって増加してきたことを指摘している。１９１５年における平均的な米国の労働者の所得水準で生活したいと思えば、２０１５年には、年間約17週間だけ働けばよい。しかし、大半の米国市民は、余暇時間と所得の間のトレードオフでこの点を選ぶことが望ましいとは考えていないからだ、と述べている[24]。無用者階級になりたくはない、と考える働く側のニーズも、職業を作り出す方向に強く作用するはずである。

【第7章注および参考文献】

（1） ユヴァル・ノア・ハラリ著・柴田裕之訳（２０１８）『ホモ・デウス』（上・下）河出書房新社。

（2） 同前、下巻１４７ページ。

（3） 同前、下巻１５７ページ。

（4） 同前、下巻１５２ページ。

（5） Frey, Car Benedikt and Michael A. Osborne（2013）“The Future of Employment：How Susceptible are Jobs to Computerisation?” *Working Paper Oxford Martin Programme on Technology and Employment.*

（6） ハラリ前掲書、下巻１５７～１５８ページ。

（7） https://www.mhlw.go.jp/file/05-Shingikai-12602000-Seisakutoukatsukan-Sanjikanshitsu_Roudouseisakutantou/0000186903.pdf

（8） Blinder, Alan.S.（2009）“How many US jobs might be offshorable?” *World Economics*, vol. 10, no. 2, p. 41.

（9） https://www.hitachi.co.jp/rd/portal/glossary/jp_ki/kyoushiarigakusyuu.html

（10） この手作業によるラベル付けは「この仕事は、ビッグデータの利用可能性を条件として、最新のコンピュータ制御機器によって実行可能なかたちでタスクを十分に特定化することができるか」“Can the tasks of this job be sufficiently specified, conditional on the availability of big data, to be performed by state of the art computer-controlled equipment?” という質問に対して答えることによって行われた、という。

（11） ワークショップでは「ラベル１」を「すべてのタスクが自動化可能であると見なせ、完全に自動化可能な職業」にのみ割り当てた。また、彼らは、仕事に含まれるタスクが簡略化できる可能性を検討し、おそらく現時点では自動化できないタスクの自動化も視野に入れたが、それでもＡＩ化可能というラベルは、彼らが最も自信を持っていた職業だけに割り当てた、としている。

（12） 使用されたデータセット O*NET の９つの属性とその説明は表のとおり。

注（12）表

Computerisation bottleneck	O*NET Variable	O*NET Description
Perception and Manipulation	Finger Dexterity	The ability to make precisely coordinated movements of the fingers of one or both hands to grasp, manipulate, or assemble very small objects.
	Manual Dexterity	The ability to quickly mover your hand, your hand together with your arm, or your two hands to grasp, manipulate, or assemble objects.
	Cramped Work Space, Awkward Positions	How often does this job require working in cramped work spaces that requires getting into awkward positions?
Creative Intelligence	Originality	The ability to come up with unusual or clever ideas about a given topic or situation, or to develop creative ways to solve a problem.
	Fine Arts	Knowledge of theory and techniques required to compose, produce, and perform works of music, dance, visual arts, drama, and sculpture.
Social Intelligence	Social Perceptiveness	Being aware of others' reactions and understanding why they react as they do.
	Negotiation	Bringing others together and trying to reconcile differences.
	Persuasion	Persuading others to change their minds or behavior.
	Assisting and Caring for Others	Providing personal assistance, medical attention, emotional support, or other personal care to others such as coworkers, customers, or patients.

（出典）Frey and Osborne（2013）

（13）https://www.afpbb.com/articles/-/3213405

（14）https://www.technologyreview.com/s/537001/security-experts-hack-teleoperated-surgical-robot/

（15）その概要は主催したスタンフォード大学・ビジネススクールのサイトに掲載されている。https://www.gsb.stanford.edu/insights/misplaced-fear-job-stealing-robots

（16）試みに、就職関連サイトで「エレベーターガール」を検索すると、「百貨店やデパートや観光施設などでお客さんと一緒にエレベーターに乗って、お客さんを希望の階に安全に導くのがエレベーターガールの仕事です。エレベーター操作の他にも、各階の案内をしたり、イベントの告知をしたりなども行います。エレベーターガールは施設の顔になるので、常ににこやかな笑顔で品格のある対応をすることが求められます。なお、安全にエレベーターに乗れるように、エレベーターの前に立ってエレベーターに誘導している係の人はエレベーターガールではありません。あくまでエレベーターに一緒に乗って案内する人のことをエレベーターガールと呼んでいます。エレベーターガールになるための資格や学歴は必要ありませんが、百貨店に正社員として入社する場合は基本的に大卒以上が条件になります」などとされている。https://syoku-hiroba.com/services/2632　更新日：２０１８年10月８日、公開日：２０１６年３月11日となっているので古い記事ではないようである。

（17）ハラリ（２０１８）下巻　１３４―１３５ページ。

（18）同前、下巻１３６ページ。

（19）自衛隊ホームページ：https://www.mod.go.jp/j/approach/defense/saigai/

（20）『日本経済新聞』電子版２０１９年１月21日 2:00。

（21）笹川平和財団海洋政策研究所「アメリカ軍による震災救助『トモダチ作戦』～日米海洋国家同盟の証が残したもの～」https://www.spf.org/_opri/newsletter/2011/266_1.html による。

それによると米国の参加兵力は、人員約２万人、艦船22隻、航空機１４０機にのぼった。

人道支援と災害救助の具体的内容は以下のとおりである。

・艦艇・航空機による行方不明者の捜索と洋上障害物等の監視

・食料１８９トン、真水７７２９トン、燃料・非常食・衣服・医療品等87トンを被災地に輸送し提供

・原発事故対処用として、消防車２台、放射能防護服１００着、消防ポンプ５台、真水搭載バージ２台、初期即応部隊隊員

１５０人の派遣

・仙台空港と大島、八戸港、宮古港の復旧作業、石巻の小学校の瓦礫除去

（22）Acemoglu, Daron and Pascual Restrepo（2019）"Automation and New Tasks: How Technology Displaces and Reinstates Labor," *NBER Working Paper* No. 25684, March.

（23）１８７４年の比率は攝津斉彦、Bassino Jean-Pascal、深尾京司（２０１６）「明治期経済成長の再検討：産業構造、労働生産性と地域間格差」『経済研究』67巻3号、１９３―２１４ページによる。

（24）Autor, David H.（2015）"Why Are There Still So Many Jobs? The History and Future of Workplace Automation," *Journal of Economic Perspectives* Vol. 29, No. 3, pp. 3-30.

第8章　ＡＩと移民の共通点・相違点

前章でＡＩが労働者のタスクを代替していっても、中期的に見る限りは、それが大失業の発生に直結することは考えにくい、と論じた。他方、ＡＩの進化が労働市場に大きな影響を与えることは間違いない。それは、どのような性質のものなのか。また、移民とＡＩの影響はどうちがうのか。この章では、それらの点について考えてみたい。

1　ＡＩによる労働市場の二極化：理論的可能性

前章で紹介したフレイとオズボーンの論文の中の「労働者をＡＩに代替できる確率の職業別分布」（図7－2）の結果を眺めると、一つの特徴に気がつく。それは、ＡＩ化されていく確率が高い姿になっているのは、オフィス業務と管理サポート業務など比較的高学歴の労働者が就業しているはずのホワイトカラー的な事務職である点だ。このことは、労働者に対する需要が低賃金の仕事と高賃金の仕事に二極化する可能性を示唆する。

ポラニーのパラドックス

なぜ「中抜き」になるのだろうか。それは、ホワイトカラー的な事務職の多くがルーチン的なタスクを含み、その部分はＡＩに置き換えやすいからだ。簿記に含まれる計算や事務上の情報を人間が処理するには専門知識が必要だ。しかし情報を検索しソートし保管することなど、こうした事務的職業の中心的な要素は明確な手順に従うので、コンピュータ・ソフトウェアでますます体系化され機械的に実行され得る。そのように、フレイとオズボーン――そしてワークショップ参加者は――考えた、ということだろう。後述のように、実際にもＡＩ化はこれまでも該当職種の大幅な減少をもたらしてきたように思われる。

これと対照をなすのは、多くの人間が暗黙のうちに理解し容易に達成することができるが、ＡＩには大きなハードルになるというタイプの職業である。近年の労働経済学を牽引しているＭＩＴのデビッド・オートーはこのことを「ポラニーのパラドックス」として言及している[1]。

これは１９６６年に経済学者、哲学者、そして化学者であるマイケル・ポラニーが「われわれは説明できる以上のことを知っている（We know more than we can tell）」と述べたことにちなむ。つまり、人間は、日々、口ではうまく説明できないが実行方法を理解している（暗黙知を持っている）ことで、タスクをこなしているということだ。

ポラニーの観察によれば、自動化することが最も厄介なことが証明されたタスクは、柔軟性、判断、および常識を要求する言語化が困難なタスクである、という。このオートー、ポラニーの論点はフレイとオズボーンの考えるＡＩ化への②、③のボトルネック（第7章2節）――理解・説得・交渉といったコミュニケーションやコミュニケーションをもとにしたサービスのために自分と異なる他者と協調できる能力である社会的コミュニケーション力（Social Intelligence）や、現場での対応力（Perception and manipulation）とも部分的に重なり合っている。こうした暗黙知が重要な分野は、介護士をはじめ比較的低賃金の分野でも広範にみられ、移民による貢献が期待されている分野とも重なる。

ＡＩがさらに進化し、言語化されていない現場の柔軟性、判断、および常識を備え社会的コミュニケーションが可能になっていけば、ＡＩにより代替可能な職業のフロンティアがどんどん暗黙知の領域にも広がっていくのか。ハラリはそう考えているようだ。だがそう一筋縄ではいかない問題が残るだろう。

「ブラックボックス」から出てきたような最善解をＡＩが提供する場合、ポランニーのパラドックス風に言えば、ＡＩは説明できる以上のことを知っている（AI knows more than AI can tell）つまり、ＡＩは自分の行動がヒトには説明できない可能性が高い。その場合、誰が・どうやって説明責任を果たすのか、という問題が生じることは避けがたい。

ＡＩはどこまで「説明責任」を果たせるか

ディープラーニング技術を採用してＡＩが出した答えについて、どうしてその答えに至ったかという過程を人間は追えない、ということは、人の安全性・公共性にかかわり行政・企業が説明責任を求められる分野では、大きな課題として立ちはだかる。

ディープランニングによるブラックボックス化には魅力と恐怖の両面がある。囲碁ソフトのアルファ碁や将棋ソフトのポナンザはそれぞれの分野の第一人者に圧勝するレベルに到達しているが、局面ごとの手の選択プロセスは人間の「最善手の読み方」とは異質だから、人間には必ずしも納得できない。

現在、医療診断などの分野では、ＡＩが治療方針について判断を示すとともに、その判断にあたって重視した論文群などを示せるようにするなど、いわゆる「ホワイトボックス」化のための工夫がなされており、それは、今後も、さらに推し進められるはずである。しかし、それはあくまでも既存の人智の膨大な集積（たとえば、症例と投薬結果についての膨大な論文）を関連づけ、その中から最善解（特定の患者に合った処方）を探索する、といった性質のＡＩ活用の場合に限られるだろう。

既存の人智への紐づけを超えた判断――アルファ碁やポナンザの新手のように人間の判断と異質の手続きから生み出される解――によって、ＡＩが人間に対して働きかけるとき、医療や介護の現場に限らず、最善手が選ばれる可能性が高ければブラックボックスから出てきたものでもよい、というわけにはいかないだろう。

コミュニケーションの問題

人間同士であれば、言語や表情を通じたコミュニケーションが原理的には可能であり、移民と自国民の間にも言語・文化基盤が適切に共有されれば問題はない。

人間とＡＩが共生していく中でも、人間がＡＩとの意思疎通が容易になるように日本語や英語を再編成していく（ＡＩがわかりやすいように話かける）一方で、ＡＩのほうも、たとえば、言語だけに頼らず、人間の表情の変化も含むさまざまな生体情報を読み取り言語と併用していくことで人間の意思を読み取る、という展開が十分に考えられる。その結果として、通常の場合には、人間とＡＩがお互いの努力でかなりの程度、歩み寄ることができるようにも思える。

ただ、いくらディープランニングを積み重ねても解決困難な問題は存在し得る。そもそも人間の日常のコミュニケーションにおいては、言葉の意味と意図をわざとずらす場合すらしばしばあるからだ。言語学者の川添愛は、ＡＩと人間のコミュニケーション上の課題として以下の「熱湯風呂」の例を示している。[2]

ウィキペディアを覗いてみると熱湯風呂というのは、もともと日本テレビの番組「スーパージョッキー」の名物企画「熱湯コマーシャル」が原点であり、コマーシャルをしたい人達が集まり、「熱湯ルーレット」と呼ばれるルーレットで熱湯に入る人を決め、熱湯に入れた秒数内（最大30秒）で宣伝をする企画だった、という。

川添の指摘は、お笑いトリオ・ダチョウ倶楽部のメンバーである上島竜兵の熱湯風呂のギャグにかかわる。「押すなよ」は上島が熱湯風呂に入る時の決まり文句で、「絶対に押すなよ」は準備完了（押してくれ）の合図である、とされる。このギャグはその後、よく知られたものになり、ダチョウ倶楽部に関するウィキペディアの解説では「現在では熱湯以外のシチュエーションにおいても、『～するな』という文句が暗に『～しろ』と示しているものとし、お笑いにおける暗黙の了解の一つとして用いられている」となっているという。(3)

いま、ＡＩが「絶対に押すなよ」に関するさまざまなシチュエーションを学習した、とする。あなたが熱湯風呂の上にまたがり、「絶対に押すなよ！」と叫んだとき、ＡＩと一体化した可動ロボットは、あなたを熱湯風呂に突き落とすだろうか。

熱湯風呂の例は極端、と感じるかもしれないが、たとえば、ＡＩと可動ロボットが担当している介護・医療対象者の意識が、正常な状態と譫妄状態を行きつ・戻りつしている場合、言葉が意図に沿っている場合、乖離している場合が交互に現れたりするだろう。ＡＩはどのような答えを出すだろうか。その答えを信頼して任せてよいか、という判断はきわめて難しそうである。

２０１８年６月に日本医師会・学術推進会議がまとめた「人工知能（ＡＩ）と医療」に関する報告書(4)のまとめと提言では「人工知能の医療領域利活用は、この数年で劇的に進むであろう。専門領域にもよるが、医療における医師の役割は大きく変わる可能性がある」としたうえで、説明可能な「ホワイトボックス」を中心に据えた利活用を優先して進めるべき、とする。一方で、「ブラックボックス」から得られた診断・治療に対して、その判断根拠を明らかにできるか、と問いかけている。医療とＡＩの間合いは、さまざまな試行錯誤が図られ、その中で医師のジョブ・ディスクリプションも変わっていくだろうが、答えが出るまでには時間がかかるだろう。

しかし、現場の突発的な状況変化に「ブラックボックス」から紡ぎ出した解をＡＩが提供する場合、ＡＩは自分の行動をうまく説明できず、説明責任とのコンフリクトというかたちで問題が生じることは避けがたいようにみえる。その限りにおいて、通常は、ＡＩがこなせる仕事であっても、人間が——移民であれ、ホスト国民であれ——最終的に責任を持つことができることが求められる可能性は高い。

ＡＩは不定形のタスク・パッケージをこなす人間の労働は代替しにくい

また、前章のバリアンの議論にもみられるように、ＡＩが代替できるのは特定されたタスクあるいはタスクの組み合わせであって労働者ではない。

この点に関連して、ハラリは『ホモ・デウス』の中で、人間をコンピュータ・アルゴリズムに置き換えるのはますます簡単になっているが、それは、アルゴリズムが利口になっているからだけでなく、人間が専門化しているからでもある、と述べている。(5)

「太古の狩猟採集民は、生き延びるために実にさまざまな技能を身に着けた。だから、ロボットの狩猟採集民を設計するのは途方もなく難しいだろう。そのロボットは、燧石から槍の穂先を作ったり、森で食べられるキノコを見つけたり、マンモスを追い詰めたり、一〇人余りの仲間と連携して攻撃を仕掛けたり、そのあとで薬草をつかって傷の手当てをしたりする方法を知っている必要がある。ところが過去数千年の間、私たち人間はずっと専門化を進めてきた。タクシーの運転手や心臓専門家は狩猟採集民と比べて得意分野が非常に限られているので、ＡＩに置き換えやすいのだ」。

しかし、前章で挙げた自衛隊員の例のように、多くの職業で、単一のタスクを効率的にこなすだけでなく、複雑で臨時的なタスクもこなすことが必要になる。こう考えると、「勘定奉行」などのソフトに多くを任せられタスクが明確に定義できる「事務」がＡＩにどんどん代替され・省力化される一方で、トータルでマルチタスクをこなす「人間」を要求する仕事が完全に消えないのも理解できる。この場合も、「人間」の不足を補えるのは移民であってＡＩではない。

チャレンジャー号爆発事故とO《オー》リング生産関数

フレイとオズボーンの研究結果は、事務系のホワイトカラーのような中間層の職がＡＩに代替されるなど、ＡＩがスキル別の労働需要を大きく変化させ、労働者に対する需要が低賃金の仕事と高賃金の仕事に二極化する可能性を示唆しているが、ＡＩによる労働需要の二極分化は、まったく異なるアプローチからも予想されている。O《オー》リング生産関数によるアプローチである。

この生産関数のネーミングは、１９８６年1月28日に起こったスペースシャトル・チャレンジャーの爆発事故に由来する。チャレンジャー号は、打ち上げから73秒後に突如爆発を起こし、搭乗員７名全員が死亡した。

図8－1　O《オー》リング

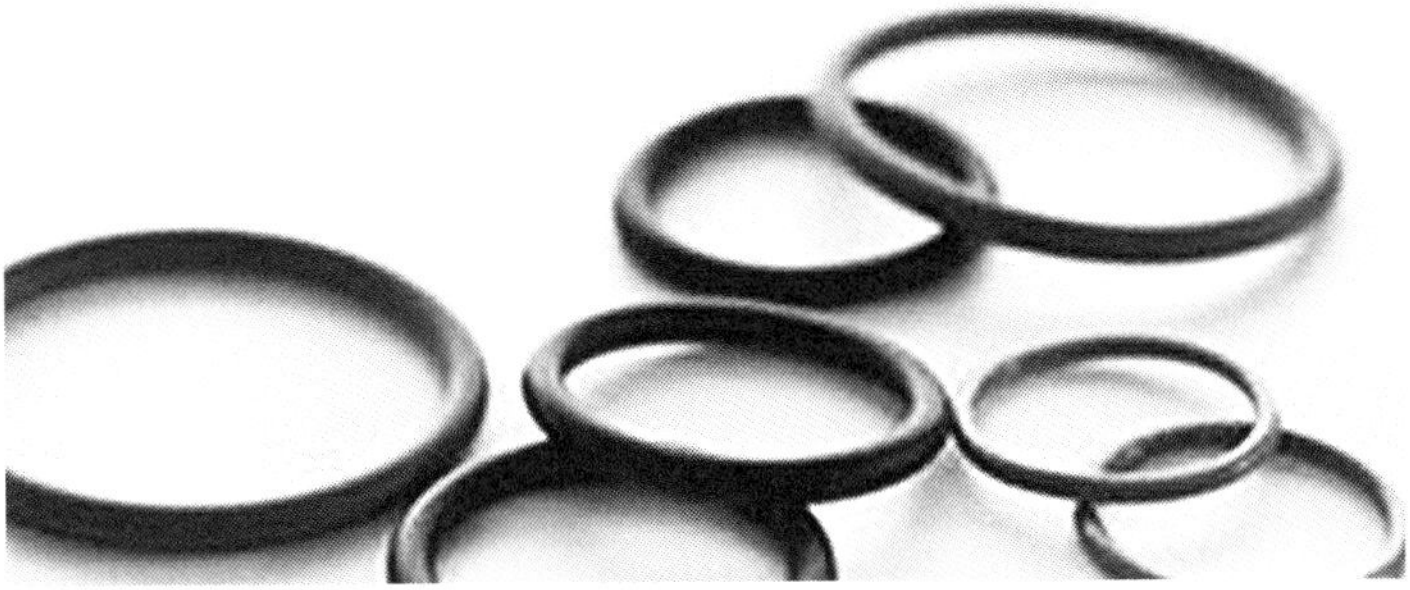

（出所）森清化工ホームページ：http://www.morisei-kako.co.jp/aboutus.html

この事故は世界に大きな衝撃を与えたが、事故調査委員会の議論を経て技術的な理由が次第に明確になっていく。打ち上げ時の予想気温は摂氏マイナス3・3度で、これは、過去のどの打ち上げ時の温度よりも低かった。打ち上げは延期されなかったが、打ち上げ当日はやはり寒く、固体ロケットブースターのジョイントに使用される密閉用のO《オー》リング（O-ring）が凍結し、そこから高温のガスが漏れ出したことが事故の原因と見られるに至った。

O《オー》リングという部品は、密封に使用される断面がO《オー》形（環型）をした部品であり、押しつぶされることで密閉する機能を果たす。[6] 材質にはふつうゴムが使用される。事故調査委員会の調査により、固体燃料補助ロケット密閉用の部品（1ドル程度）の安価な「O《オー》リング」の破損によって発生したと結論づけられた。

このチャレンジャー号には初めて一般市民として高校教師のクリスタ・マコーリフさんが乗っており、宇宙からレーガン大統領と会話する予定だった。社会的関心もきわめて高かっただけに、この事故については、技術的観点だけでなく、組織論的な観点、倫理的観点などを含め、さまざまな観点から議論が高まった。

「O《オー》リング」モデル

チャレンジャー号爆発事故は経済学者にも新たな啓示を与えることになる。それがO《オー》リング生産関数の登場である。経済学者は、資本や労働が投入されることで財やサービスが生産されると考え、この関係を「生産関数」として記述している。通常の生産関数は、労働者と資本が同時に倍になれば生産物も倍になる、といった生産過程を想定する。たとえば、運送会社がトラック（資本）と運転手（ドライバー）を倍にすれば、輸送サービスを倍にできる、というように。

なにかを生み出す工程が運送サービスのようなものであればこれでよい。

しかし、チャレンジャー号の教訓は、巨大な生産工程――ここでは、宇宙に往還するというサービス――において、一つのタスクが失敗すると、アウトプットがゼロになる、ということを意味している(7)。このチャレンジャー事故を念頭に置きアウトプットの産出過程において、いずれかの工程（タスク）の失敗がすべての生産に影響するような「投入―産出」関係を考えることができる。その一つが「O《オー》リング」生産関数(8)である。

ある製品を産出するには、多くの「タスク」が欠かせない。生産物はタスクの成果の掛け算になる。もし、タスクがn個あると、

生産物＝タスク1×タスク2×タスク3×…×タスクn

ここで、もし、タスク３が「Ｏ《オー》リング」による密閉に当たるとすると、これが破損して密閉機能を果たせず、その実現値がゼロになれば、宇宙飛行サービスというアウトプット全体の値がゼロになる。

なお、スペースシャトルの例は「物理的な生産工程」のイメージを強く与えすぎるかもしれない。しかし、実際の企業にとって必要なタスクは物理的生産を超えて、より幅広く、その全体にＯ《オー》リング的効果が働き得る。製造業であったとしても、さまざまな製造工程を完了させるだけでなく、マーケティング、輸送、販売などさまざまな非生産タスクの掛け算が企業の生み出す価値になる。こうしたものとしてＯ《オー》リング生産関数をイメージすることもできよう。

Ｏ《オー》リング生産関数からみたＡＩと労働需要

ここで、労働者の「スキル」についてタスクの質ないし成功させる確率として考えてみる。つまりｊ番目のタスクを請け負う労働者ｊは、異なった「スキル」q_j（$0 \leqq q_j \leqq 1$）を持つとし、一部のタスクは完璧に仕事を成し遂げるＡＩに置き換えられ、人間とＡＩのミックスチームで生産が達成されると考えてみる。

オートーは、論文の中で、Ｏ《オー》リング生産関数に言及し、生産の連鎖におけるいずれかのステップの失敗は生産プロセス全体を失敗に導き、逆に、任意のタスクの信頼性が向上すると、他のすべてのタスクの価値が高まることを指摘している。それなら、チェーン内の他のｎ－１個のタスクを信頼できるものにすると、タスクnをより信頼できるものにする価値が上がる。つまり、ＡＩ化によってワークプロセスの一部の信頼性が高くなると、生産チェーンに残っている労働者のタスクの重要性が高まる、ということになる。[9]

この場合、膨大なタスクの連鎖でアウトプットを生み出し、かつＡＩによってタスクの一部を信頼度の高いＡＩに置き換えることで精度を上げることができる企業は、ＡＩ化が進むほど、労働者が担う部分についてはスキルが高い労働者を集めることが望ましい。せっかく、ほかのプロセスが完璧なタスクを行っても１ドル程度のＯ《オー》リングの破損で他のすべての努力が水泡に帰すなら、きわめて高価であっても安全性が高い特注のＯ《オー》リングを使ってスペースシャトルの安全性を高めるべきだ。それと同様に、一部の労働者のタスクが生み出す不確実性ないしは低品質が全体に大きく響く場合、高い賃金を払っても、高度人材を雇うべき、ということになる。

逆に産出工程が他のタスクとの相互依存性が低く独立性が高い場合には低賃金・低スキルの労働者の許容性は高いはずだ。この効果からもＡＩは、やはり労働需要を二極化させる方向に作用する。

2　先進国における労働需要の二極化：現実の動向

現実はどうなっているのだろうか。オートーは論文[10]の中で、いくつか興味深い図を示している。その中で特に印象に残るのは、ＥＵ加盟16カ国について農業以外の雇用を網羅し、それを低、中、およ

図８－２　EU16カ国における低・中・高賃金の職業別にみた雇用シェアの変化（1993-2010年）

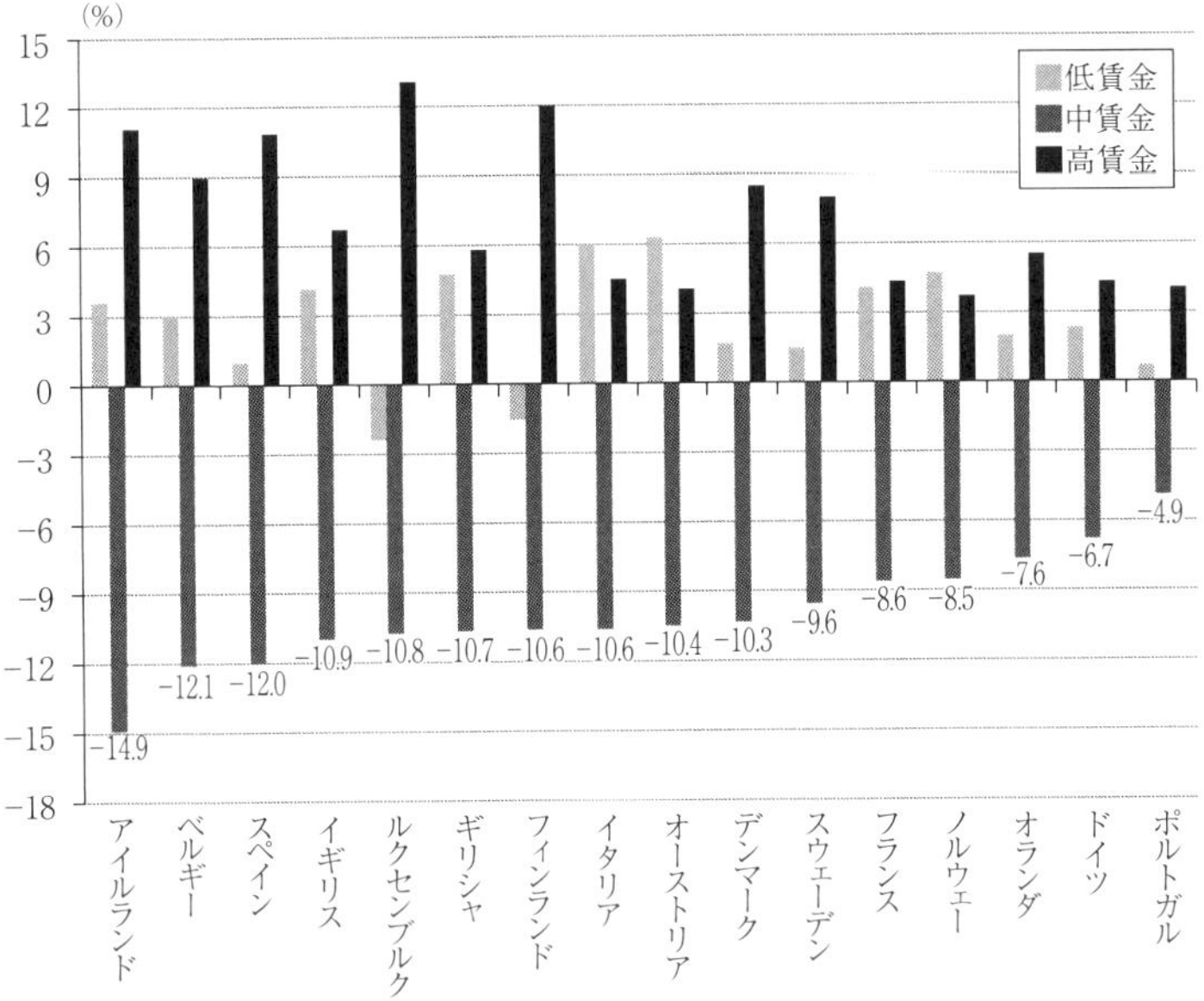

（出典）Autor（2015）[11]

び高賃金に三分類し、１９９３年から２０１０年の間の雇用の割合の変化をプロットした図８－２である。

図におけるすべての国で、高賃金と低賃金の両方の職業が１９９３年から２０１０年にかけての17年間で雇用のシェアを伸ばした一方で、中賃金の職業の雇用シェアは減少している。

オートーは、さらに、米国とＥＵのデータは厳密には比較できない、としたうえで、米国の経済は雇用変化の偏りという点でこのＥＵ国群のほぼ中央に位置しているとしており、それを示唆する図も示している。こちらは米国におけるスキル別の雇用動向である（図８－３）。

これだけ多くの先進国において、共

図8－3　職業技能パーセンタイルでみた平滑化された米国の雇用変化（1979-2012年）

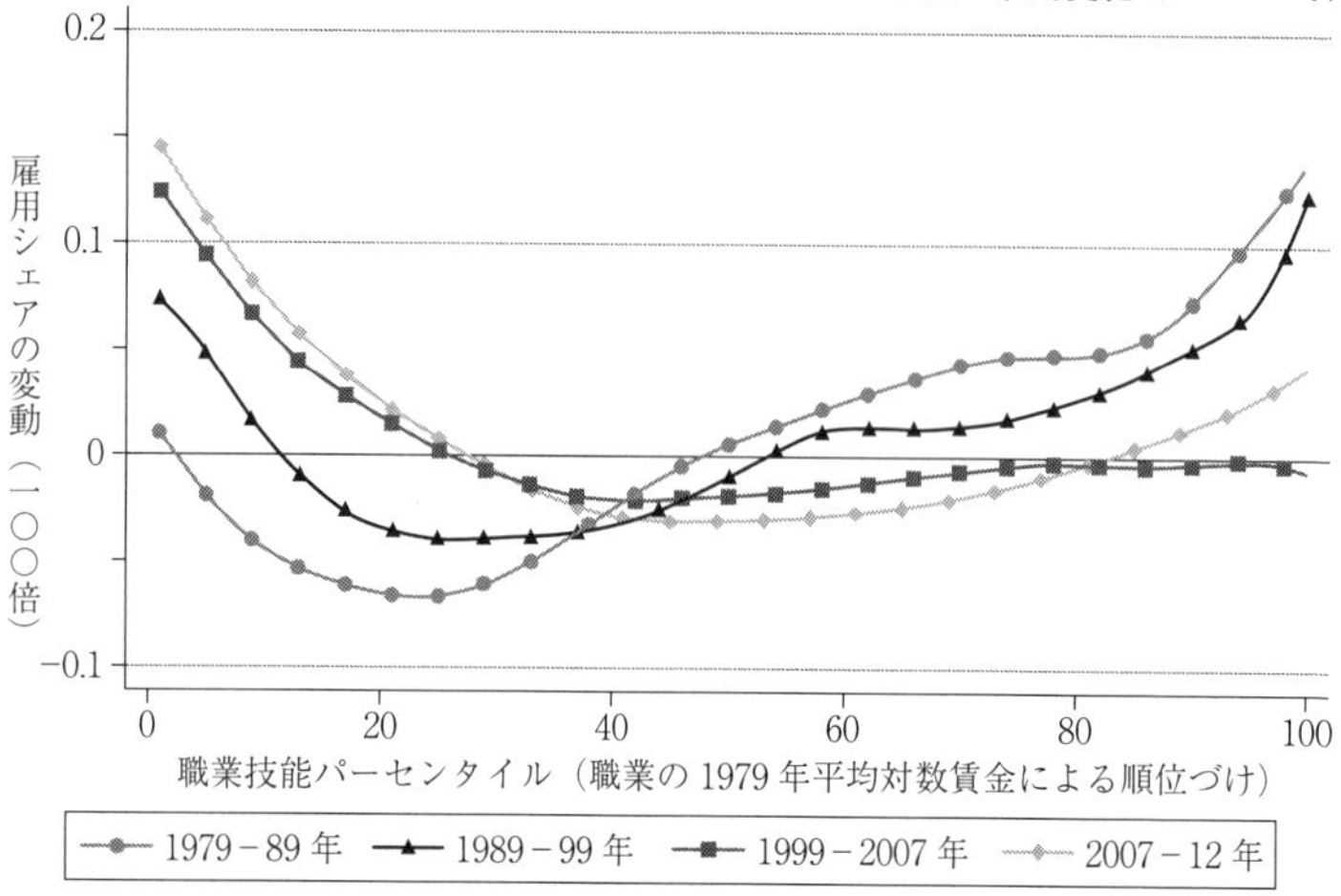

（出典）Autor（2015）[12]

通の職業上の変化がみられることは、強い共通の力が働いていることを示唆する。むろん、おそらくそれはＡＩ化の影響だけではない。たとえばグローバリゼーションの影響も無視できない。しかし、少なくともＡＩ化の理論的影響と二極化という現実は整合的、ということはいえる。

本書第３章でも触れたように、しばしば、外国人単純労働者の受け入れはＡＩ化による生産性向上を阻むことが懸念されている。しかし、ＡＩ化の力は、必ずしも低賃金・低スキル労働を減らす方向には強く作用しない可能性が見て取れる。そのことは、いわゆる単純労働を担う移民ないし外国人労働者に対するニーズを考えるうえで重要な意味を持つ。

3　ＡＩの進化と移民受け入れの共通点・相違点：小括

以上のことを踏まえて、ＡＩの進化と移民受け入れが国内の労働者に与える影響の共通点・相違点について何が言えるだろうか。

両者の大きなちがいは、ＡＩは主として職業の構成要素である「タスクないしタスク群」を代替するが、移民は「労働者」を代替し職業を担うことができることだ。

ＡＩはそれが担うタスクの精度や効率を高め全体の生産性を上げる。そのことは、「生産過程」の他のタスクを受け持つ人に大きな補完効果をもたらすと同時に、要求度を高め高度人材へのニーズを増やす。

これに対し、移民は、トータルな人間が要求される職業において国内労働者を代替・補完することができる。

介護士や理容師、保育士といった職種に必要とされるのは、特定のタスクに特化して堅確に業務を行い集団としての成果を競う、というより、一人ひとりが現場のさまざまな状況変化に対応して問題を解決していく、という傾向がより強い。これらは、多機能で総合判断能力の高い人間にはるかに向いている仕事だ。

また、日本の外国人技能実習制度は「わが国が先進国としての役割を果たしつつ国際社会との調和ある発展を図っていくため、技能、技術または知識の開発途上国等への移転を図り、開発途上国等の経済発展を担う『人づくり』に協力することを目的としている」ということが建前だ。しかし、この崇高な建前とは裏腹に、良くも悪くも中小・零細企業の人手不足を緩和するうえで、大きな役割を果たしてきた[13]。中小・零細企業の生産活動は、大企業の活動やスペースシャトルのように膨大なタスクの積み重ねのトータルな結果としてアウトプットを出すといったスタイルとは対極に、タスクのつながりは短い。

これらの人手不足はＡＩでは解消されにくい。

そして何より移民はＡＩと異なり、無色透明の生産要素ではない。生身の人間であり、それゆえに経済だけでなく社会的・文化的に大きな影響を与える。さらに移民は次世代の人たちも生み出していく。したがって、移民に対しては労働力としてだけでなく、市民としてホスト国社会に包摂していく政策的努力が重要になる。有期労働者であっても社会に包摂しなくてよい、ということにはならない。

終章となる次の第９章では、以上のことを踏まえて、ＡＩと移民についての課題をもう一度考えてみよう。

【第8章注および参考文献】

（１）Autor, David H.（2015）“Why Are There Still So Many Jobs? The History and Future of Workplace Automation,” *Journal of Economic Perspectives* VOL. 29, NO. 3, pp. 3-30.

（２）川添愛「ＡＩは絶対に押すなよを理解できるか」『ＵＰ』東京大学出版会、２０１８年12月号。なお、川添には人口知能と人間のコミュニケーションがどのような点で原理的困難を伴うかについて、フィクションのかたちで説得的に示した著作もある。川添愛『自動人形の城　人口知能の意図理解をめぐる物語』東京大学出版会、２０１７年。

（３）https://ja.wikipedia.org/wiki/%E3%83%80%E3%83%81%E3%83%A7%E3%82%A6%E5%80%B6%E6%A5%BD%E9%83%A8

（４）日本医師会学術推進会議「人工知能（ＡＩ）と医療」第Ⅸ次学術推進会議報告書、２０１８年６月。

（５）ハラリ（２０１８）『ホモ・デウス』下巻１５２ページ。

（６）Ｏ（オー）リングの機能については、メーカー各社のホームページに懇切な説明がある。たとえば、写真を引用した、株式会社森清加工のホームページのほか、コタニ株式会社「Ｏリングとは」http://www.kotanikk.com/oring/about-oring.html など。

（７）むろん、Ｏ（オー）リングが唯一のアキレス腱ではない。当時、ＮＡＳＡを擁護する議論として、Ｏリングを問題にするなら、ジェットエンジンも（タービンに亀裂が入ることも数多く観察されていた）、その他の多くのパーツも同様に問題となる。そういうことを全部取り上げていたら、シャトルは永遠に打ち上げられない、というものもあったという。平田光司（２０１１）「ファインマンが見た巨大装置の安全性」『科学』81巻９号。

（８）Kremer, Michael（1993）“The O-Ring Theory of Economic Development,” *Quarterly Journal of Economics* 108(3): pp. 551-575.

（９）前掲 Autor（2015）。

（10）同前。

（11）原図の注は以下のとおり。

高賃金職種：corporate managers; physical, mathematical, and engineering professionals; life science and health professionals; other professionals; managers of small enterprises; physical, mathematical, and engineering associate professionals; other associate professionals; life science and health associate professionals.

中賃金職種：stationary plant and related operators; metal, machinery, and related trade work; drivers and mobile plant operators; office clerks; precision, handicraft, craft printing, and related trade workers; extraction and building trades workers; customer service clerks; machine operators and assemblers; and other craft and related trade workers.

低賃金職種：laborers in mining, construction, manufacturing, and transport; personal and protective service workers; models, salespersons, and demonstrators; and sales and service elementary occupations.

詳細はGoos, Maarten, Alan Manning, and Anna Salomons（2014）"Explaining Job Polarization: Routine-Biased Technological Change and Offshoring," *American Economic Review* 104(8): pp. 2509-2526. を参照。

（12） 図についての原注は以下のとおり。Sources: Author, calculated using 1980, 1990, and 2000 Census Integrated Public Use Microdata Series（IPUMS）files; American Community Survey combined file 2006-2008, American Community Survey 2012. Notes: The figure plots changes in employment shares by 1980 occupational skill percentile rank using a locally weighted smoothing regression（bandwidth 0.8 with 100 observations）, where skill percentiles are measured as the employment-weighted percentile rank of an occupation's mean log wage in the Census IPUMS 1980 5 percent extract. Employment in each occupation is calculated using workers' hours of annual labor supply times the Census sampling weights. Consistent occupation codes for Census years 1980, 1990, and 2000, and 2008 are from Autor and Dorn（2013）. なお、Autor and Dorn（2013）は Autor, David H. and David Dorn（2013）"The Growth of Low-Skill Service Jobs and the Polarization of the US Labor Market," *American Economic Review* 103(5): pp. 1553-1597である。

（13） 歴史的な経緯、運営の実態については、上林千恵子（２０１５）『外国人労働者受け入れと日本社会　技能実習制度の展開とジレンマ』東京大学出版会に詳しい。

第9章　ＡＩ・移民問題についての今後の課題

この章では、これまでの検討の中心的主題である人口問題への対処について本書全体の結論を大胆に整理したうえで、移民問題についての今後の課題を論じたい。

1　これまでの議論のまとめ

本書では人口ペシミズムへの三つの異論のうち、主に二つの異論を取り上げた。第一の異論は、日本における人口減少は確定的未来ではなく、日本国民による選択の余地が大きい、というものである。そして第二の異論は、急速に進化を続けている人工知能（以下ＡＩ）が今後も飛躍的に進化を遂げ、労働がＡＩによって代替されていくことを展望すると、懸念すべきは人手不足ではなく大失業が発生する可能性のほうだ、というものだ。

それらについて本書の結論は以下のようなものである。

まず、日本における人口減少は確定的未来ではなく、日本国民による選択の余地が大きい。出生率の回復は長期的課題であるが、移民の増加は決して焼け石に水ではなく、すでに人口ピラミッドの姿に大きな影響を与えつつある。

他方、ＡＩの進化は労働者のタスクを一部代替していく省力化で労働需要を一部緩和し、かつ労働需要を二極化させる可能性が高い。これらは、労働市場に大きな影響をもたらすが、20年以内といった中期的視野で人口減少を相殺し、大失業を発生させる可能性は小さい。むしろ人口減少圧力がまさることが予想される。また、ＡＩによって代替されるタスクは今後さらに広がるとしても、移民需要を緩和する力は弱い。結果として、移民への期待は今後も高まることが予想される。

以下では、上記の点を踏まえ、ＡＩの活用と移民／外国人労働者の受け入れ拡大について、これまでの各章の議論を敷衍して、今後の課題について述べたい。

2　ＡＩを活かすための課題

ＡＩの進化は労働者のタスクを一部代替していく省力化で労働需要を一部緩和し、かつ労働需要を二極化させるが、20年以内といった中期的視野でＡＩが大失業を発生させる可能性は小さい、と書いた。しかし、大失業が発生しなければよい、というものではない。人間にとって好ましいのは、「ＡＩと低賃金の仕事が共存していく」ということではなく、ＡＩの導入が高賃金の仕事の増加と共存するような状況をつくり出すことだ。ＡＩがつくり出し得るディストピア世界の住民は、ハラリが描くような仕事がまったく存在しない「無用者階級」だけでなく、額に汗した仕事から得られる収入があまりに少ないと感じる「低賃金労働者層」も含まれるだろう。

良い仕事はどこからもたらされるのか――アセモグルーの洞察

ＡＩの活用が進む中で、高賃金の仕事を増やすにはどうすればよいのか。この点については、ダロン・アセモグルー（ＭＩＴ）が、２０１９年の4月に発表した「良い仕事はどこからもたらされるのか」というエッセー[1]が参考になる。この中でアセモグルーは、社会にとって最優先事項は、高賃金の仕事を創出することである、という立場に立っているからだ。

このエッセーで、彼は、第二次世界大戦後の先進国の繁栄を支えたアーキテクチャーの変化が近年の先進国の成長に与えた影響、という高い視座から、いま必要な政策を論じている。ごく短いエッセーなので、ほぼ全体に沿って彼の論点を見ておこう。

上述のようにアセモグルーは、社会にとって最優先事項は、高賃金の仕事を創出することである、という立場に立つ。そして、この目標を道標として、技術、規制、税金から教育や社会プログラムに至るまでのあらゆる政策対応を導くべきだ、と考える。なぜなら、歴史的にみて、再分配のみを通じて繁栄を共有することに成功した社会の例はないからだ、という。繁栄は、人々に十分な賃金を支払う仕事を生み出すことから生じ、人々に人生の目的と意味を提供するのは、再分配ではなく、良い仕事だ、という。

この議論は、ＡＩがつくり出すディストピアの世界の現実の住民には、自分ができる仕事がまったく存在しないと感じる「無用者階級」よりも、額に汗した仕事から得られる収入があまりに少ないと感じる（移民を含む）「低賃金労働者層」が多く含まれるのではないか、という筆者の懸念と重なる。

賃金が十分高い良い雇用を創出するには、ＡＩを含む技術革新が高賃金の労働者に対する需要の拡大に働くことが必要になる。だが、自由競争のもとにおけるＯ《オー》リング生産関数のもとでの最適化のロジックはそれが高賃金の労働者への需要を増大させる可能性を含むが、低賃金労働者の賃金引き上げには働かないかもしれない。

アセモグルーは、良い仕事は自由市場から自然には生まれるわけではなく、労働者を守り、労働者に力を与える労働市場の法制度、子供たちに寛大に資金を供給できる教育システム、実効性のある社会的セーフティ・ネットが必要で、実際、これらが米国およびその他の先進国で、第二次世界大戦後、40年間に亘《わた》って強力かつ包摂的な成長（inclusive growth）をもたらした制度的なアーキテクチャーだという。

彼は、この時代の労働需要の急増は三つの柱に支えられていた、として、以下のように述べる。

第一に、企業は労働生産性を向上させる方法で技術を展開し、それによって賃金の伸びと労働者への需要を促進した。同時に、政府は教育と研究に資金を供給し、（場合によっては）ハイテク機器の主要な購入者になることによって、枢要なサポートを提供した。この時期以降、今日的なテクノロジーのほとんどは、政府の資金供与に支えられたイノベーションの恩恵を受けている、とする。

第二に、第二次世界大戦後の政府は最低賃金、職場の安全規制、その他の労働市場および製品市場の規制で固めた事業環境を形成した。そのような措置はしばしば雇用を締め上げ、窒息させていると非難されている。しかし、人件費に下限があることは、企業に生産プロセスを合理化しアップグレードさせるインセンティブを生み出し、それによって生産性と需要を高めることで、実際には成長の好循環を生み出すことができる。同様に、製品市場が競争的環境である状態を維持することによって、企業が独占的に価格を吊り上げ、より多くの労働者を雇わずに手っ取り早く高い利益を得る事態を防ぐことができる。

第三に、戦後の先進国政府は教育へのアクセスを拡大した。それは、より多くの労働者が職場での要求に応えることのできるスキルを持ったことを意味する。たとえば米国では、連邦政府はGIビル（帰国した軍人に対する特別の援助立法）[2]やペル・グラント（連邦政府が支出する大学生向けの返還不要の奨学金。制度をつくった上院議員のクレイボーン・ペルの名にちなむ）、研究に対する支援やその他の措置によって何百万もの市民に高等教育と職業訓練を提供した。[3]

アセモグルーは、第二次大戦後の時代には、米国と同様の制度的アーキテクチャーが先進国の大部分で採用されていた、とし、スカンジナビアでさえ、市民が共有した繁栄は、一般的に想定されているように再分配政策によってもたらされたわけではなく、北欧政府の政策と団体交渉の結果として生み出された高賃金雇用を創り出す環境の成果である、と主張する。[4]

しかし、1947年から1987年の間に年間平均2・5％で伸び続けていた米国の民間部門の賃金上昇は１９８７年以降急激に減速し、リーマン・ショックの７年前の２０００年には完全に止まった。この失速は、生産性の伸びが鈍化し、投資が人手を省く自動化に向けられ、人間にとって新しく生産性の高いタスクを生み出す方向には向けられなくなった時期と一致している。結果として、賃金は伸びを止め、そしてより多くの働き盛りの人々が労働力から脱落した。もっと広く言えば、かつての雇用創出を支えていたアーキテクチャーは、この時期に崩壊した、という。労働者に対する保護は着実に弱まり、多くの分野で独占傾向が強まり、政府は以前に採用していた技術革新へのサポートを放棄した。２０１５年までに、連邦政府による資金提供を受けた研究開発は、１９６０年代の１・９％からＧＤＰの０・７％に減少した。

アセモグルーは、多くの人が、高賃金の雇用創出の減少は、人工知能とロボット工学の進歩の必然的な結果と考えているが、ＡＩは、自動化により労働力を排除するためにも使えるが、労働者の生産性を向上させるためにも使用できる、と指摘し、労働者に利益をもたらすことを確実にするためには、政府が民間部門をひたすら自動化に向かうことから距離を置かせる必要がある、とする。

アセモグルーは、米国についての政策提案として、資本からの利益にあまりに寛大な税制の変更から始まるべきなのかもしれない、とする。企業は機械を導入することで税負担を軽減できるため、たとえ労働者を使うことがより生産性を高める場合でも、自動化を追求する動機づけが与えられている。政府は、また、ビジネスモデルが雇用創出を犠牲にして自動化に圧倒的に傾斜している大手ハイテク企業とバランスをとるために、技術革新をサポートする事業に戻る必要がある。もちろん、全面的に教育の機会を広げることは不可欠だ、と主張する。

そして、繁栄が共有されることを力の源泉とする社会は手の届かないところにあるわけではなく、技術を労働者のニーズに合わせ、独占を防ぎ、必要な投資に資金を提供できるように税法を修正するための緊急の措置が必要になる、とする。戦後の制度的なアーキテクチャーを回復することは、人間がなすべき仕事だ、というのが戦後経済史をふまえたアセモグルーの主張である。

アセモグルーの主張は日本に当てはまるか

筆者は、アセモグルーの議論のうち、以下の中核部分は、日本にも共通すると考える。

第一に、社会の繁栄のためにＡＩを活かすには、ＡＩを低賃金と共存させるのではなく、賃金の引き上げと共存させる必要がある。

最低賃金の引き上げは手っ取り早い方法だが、アグレッシブな最低賃金引き上げには限界がある。最も重要なことは、人間に投資してアップグレードすることであり、そのための質の高い教育環境を用意することだ。その対象にすべきなのは、現在の日本国民やその子孫だけでなく、移民やその子孫も当然に含まれる。また、第二に技術のすそ野を広げ、独占の弊害を防ぐうえでも、基礎研究を積極的にサポートし、起業しやすい環境をつくることが求められる。

3　移民を受け入れていく体制づくり

議論不在の方針転換でよかったのか

安倍首相が２０１８年の入管法改正にあたって繰り返し強調したことは、外国人労働者の受け入れは、移民の受け入れではない、ということである。

すでに触れたように、２０１８年の10月29日の衆議院本会議で、外国人労働者の受け入れ拡大に向けた入管難民法改正案に関する立憲民主党の枝野幸男氏の代表質問に対し「政府としては、いわゆる移民政策をとることは考えていない」とし、受け入れ拡大は「深刻な人手不足に対応するため、真に必要な業種に限り一定の専門性技能を有し即戦力となる外国人材を期限を付してわが国に受け入れようとするものだ」と述べて移民政策ではないと強調した。そのうえで、今後、外国人労働者の労働環境の改善や日本語教育の充実などに取り組んでいく考えも示した(5)。

安倍首相の答弁のように、現在の外国人労働者増加や政府の外国人労働者受け入れ政策の方針転換は主として低賃金労働者へのニーズの高さを反映したもののようにみえる。

だから、新設の特定技能外国人を受け入れる分野は、「生産性向上や国内人材確保のための取組を行ってもなお人材を確保することが困難な状況にあるため、外国人により不足する人材の確保を図るべき産業上の分野（特定産業分野）」とされている。また、受け入れ人数も業界のニーズ（人手不足）

を積み上げたものであり、14特定産業分野の受入れ見込数（5年間の最大値）の合計は34万５１５０人とされている。[6]

外国人労働者は来てほしい。しかし、移民と言った途端に、欧米諸国のような社会保障とか子弟の教育はどうすべきか、そもそも国民というのは、血統によって定めるべきか出生地で定めるべきか、などということで世論が四分五裂する可能性がある。さらに、自民党の支持層の中でも、業界団体や企業には切実なニーズがある[7]一方で、血統的な日本人観を強く持っている保守層の反発を受ける可能性が高い。このため入管難民法改正案は将来の日本の姿に大きく影響する重要法案にもかかわらず、衆議院・参議院での審議時間はきわめて短くし（合計38時間。たとえば「安全保障法制」の場合には衆参両院で合計２１６時間）、細部は政省令にゆだねる、というかたちで、極力議論を避け、成立させた。

安倍首相の発言も、保守層を刺激し、議論が沸騰することを避けるために、あくまでも有期労働者の受け入れであることを強調しているようにみえる。

ただ、議論を避けて現実を先行させ技能実習生制度の延長線上で、あくまで日本の企業や社会の都合で低賃金労働者として頼ろうとする路線は、かつてメルケルが語っていた「いずれ自国に帰ってくれるだろう」という、１９６０年代のドイツ人の勝手な思い込みとその後の失敗をなぞってしまうリスクを抱える。

ドイツの経験に照らすと、いずれ企業の要望や人道的配慮から長期滞在や家族の帯同条件を緩和する方向になり（それでなくても子弟を帯同している外国人労働者はすでに多い）、やがて、移民と呼ばなくても、誰が見ても実質的に移民になる人が増える可能性がきわめて高い。そう考えると、言語教育、社会保障コストなど欧州の移民政策と同じ課題に直面する。

外国人を社会に包摂するうえでは、日本語ないし日本社会についての教育の重要性は大きい。外国人労働者本人は当然だが、長期的に社会に与える影響という観点では、子弟教育の重要性が格段に大きい。

ただし、必要な体制整備は、実質的に移民化する外国人を日本人という鋳型に嵌《は》め込んで同化ないし統合すべき、という方向感の体制整備とは異なる。エルドアンがいう「同化は人道への罪だ」という発言には一定の真実が含まれるからだ。

外国人と日本人とが快適に共存できる社会を築くために重要なのは、彼らが日本社会から排除され孤立化している、と感じたり、身を守るために出身国民同士で団結する必要を強く感じたりせずに済むための体制づくり、ということになる。(8) この点、「包摂（inclusion）」という言葉は、近年「統合（integration）」という概念に対する疑念が広く発生してきている中で使われつつあるようである。

外国人子弟教育体制の立ち遅れ

包摂のための重要課題は外国人やその子弟教育である。その現状はどうなっているのだろうか。技能実習生は家族を呼べず、新設された特定技能1号も家族を呼べないため、働く外国人の家族はあまりいないのではないか、という印象があるが、実態はそうではない。

外国人の子どもが日本に滞在することのできる主な在留資格として「家族滞在」がある。これは来日した外国人の子ども（配偶者も）が取得できる在留資格であり、申請できる人は親が「教授」「芸術」「宗教」「報道」「投資・経営」「法律・会計業務」「医療」「研究」「教育」「技術」「人文知識・国際業務」「企業内転勤」「興行」「技能」「文化活動」「留学」のいずれかの在留資格を持って在留する人の扶養を受ける場合である。技能実習生の子弟はダメだが、大学で学ぶ留学生が資格外活動で働き、子どもを呼ぶことは可能だ。このように「家族滞在」の対象となる在留資格は幅広く、現に、きわめて多くの外国人の子弟が日本で暮らしている。

２０１９年3月18日、日本に住民登録している義務教育年齢の外国人のうち1万６０００人以上が学校に行っているのか、が確認できていない問題で、文部科学省が全国の都道府県と政令市に対し、就学の促進と就学不明児の実態把握調査への協力を求める通知を出したことが新聞各紙で一斉に報道された。

一例として毎日新聞の報道をみると[9]、通知は、4月の改正入管法施行で外国籍児が増加することを想定している。就学促進に向けた取り組みの充実を要請し、就学義務のない外国籍児の保護者にも就学案内を送付し、多言語による広報や説明をするように依頼する、また、教育委員会や改正入管法施行で新設される地方出入国在留管理局などが連携し、4月以降に全国規模で実施する初の就学状況の実態把握調査に協力するよう求める、としている[10]。

義務教育年齢の外国人の未就学の問題は以前から知られており、実に外国人の義務教育対象年齢滞在者の2割近い未就学者がいる可能性があるとの推測もあった[11]。また、16歳以上の中学相当の教育未修者が外国人に非常に多いことも知られており、この人たちについては、夜間中学が受け皿になっている。現在、全国の夜間中学の生徒の約8割が外国人になっている（図9－1）。

夜間中学は外国人にとって重要な役割を果たしている。それにもかかわらず、まったく足りていない。文部科学省では、夜間中学が少なくとも各都道府県に1校は設置されるようその設置を促進している、としているが[12]、現実には、２０１９年3月現在、夜間中学が設置されているのは47都道府県のうち本州の9都府県（33校）にとどまり、北海道・東北・北陸・山陰・四国・九州など広域で設置されていない。

また、すでに就学している外国人子弟についても、日本語指導が必要な外国籍児童生徒が増加している結果として、特別な指導を受けている者の比率は2年前より大きく減少している[13]。また、外国人支援体制整備の遅れは留学者就職支援における出身国の変化に対する対応の遅れという面でも見られる[14]。

上記の通知や夜間中学についての取り組みのように、文部科学省は外国人子弟の教育体制の立ち遅れ問題を認識し、是正を目指している。しかし、急速な外国人の増加のもとで、是正措置がまったく追いつかず、むしろ状況は悪化しているようである。

図９－１　夜間中学生徒の属性分布

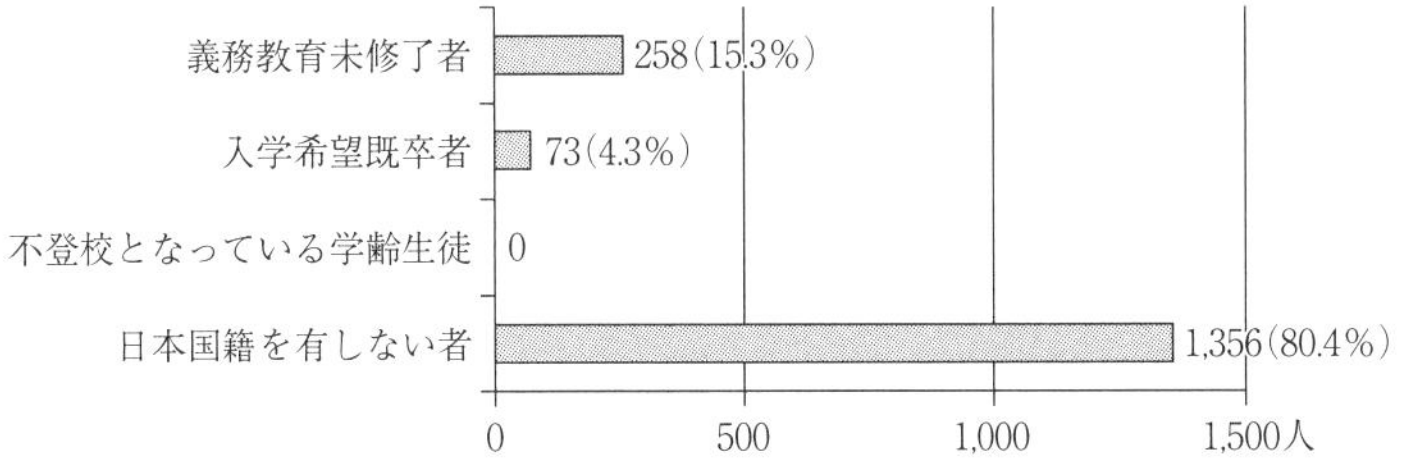

夜間中学に通う全生徒数：1,687人

（出典）文部科学省「平成29年度夜間中学等に関する実態調査」

日本語能力の不足は犯罪につながるリスクを高める

日本語能力の不足は外国人を犯罪に向かわせる可能性にもつながる。

第５章でも引用した法務省「外国人犯罪に関する研究」には、外国人犯罪者の日本語能力についての調査結果も含まれている。これは、窃盗・強盗事犯者の日本語による日常会話および読み書きの能力を調査したものである（図９－２）。

留学などの活動資格の者、および不法滞在の者に日常会話も読み書きもできない者またはこれらに難がある者が多い。また、居住資格の者でも、日常会話ができない者または日常会話に難がある者が半数以上に及び、読み書きについてはできない者またはほとんどできない者が約２割もおり、「難がある者」も加えると、約三分の二にものぼる。

こうした犯罪と言語能力との関係は「統合の失敗が外国人犯罪者比率の高さにつながった」というドイツの経験と同一である。

外国人の子弟が日本社会で孤立せず、日本社会から排除され犯罪に手を染めたりせずに済むためには、そしてさらに、将来、十分満足で

図９－２　外国人窃盗・強盗事犯者の日本語能力別構成比（在留資格等別）

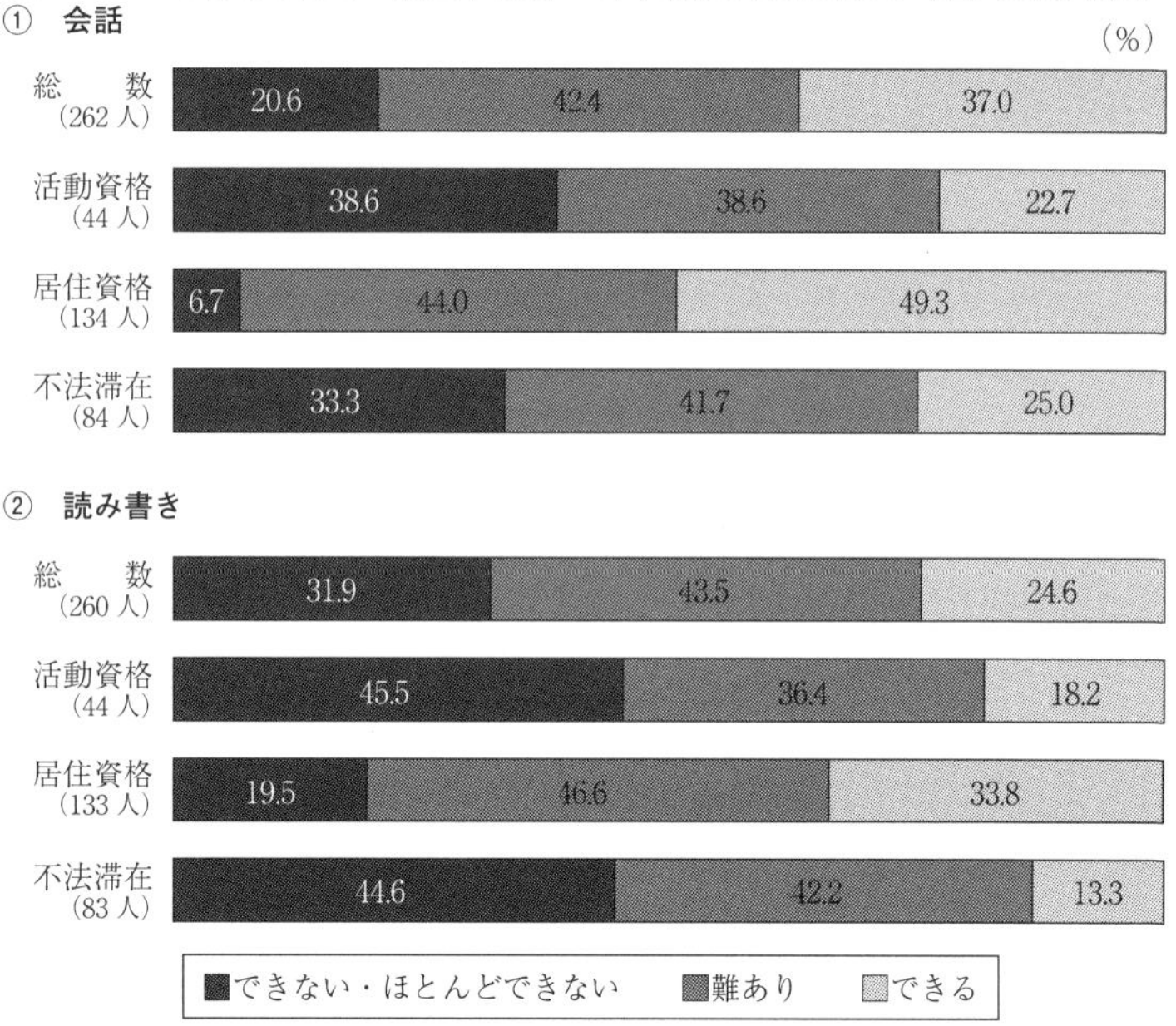

（出典）法務省「外国人犯罪に関する研究」

きる賃金の職を得るためには、しっかりした教育機会を提供することは不可欠だ。そうした体制が整備されないまま、外国人が増えると国民が一番懸念している治安への悪影響が顕在化しかねない[15]。

外国人労働者を受け入れるのであれば、たとえその建前が有期であったとしても、包摂のためのトータルな体制整備が急務になる。ドイツは同化、多文化受容の両方に大きな努力を傾注してきたが、それでもうまくいかなかった。そのことはドイツ社会に大きな負荷をかけてきた。

むろん、日本と欧州では、ホスト国・移民送出国双方の文化的・社会的背景も異なるので、日本が自動的に欧州の失敗をなぞることになるとは言えない。たとえば第6章で見たように、急増しているベトナム人と日本人の国民性は、本来は相容れないものではなく、親和性が存在するようにみえる。

しかし、日本ないし日本人は、こうした親和性を活かせるだろうか。この点、政府は十分な包摂体制の検討を踏まえて大きな政策転換をしたわけではないうえ、日本国民も外国人側の適応努力に過度の期待ないし甘えを持っている。結果としてこうした問題についての危機感が薄い可能性は否めない。

過度の期待の一例を挙げよう。ピュー・リサーチ・センターは2018年の調査で、移民がホスト国の習慣に同化することに前向きなのか、独自性を保ちたいと考えているか、についての国際比較を行っている(16)（図9－3）。

調査対象ホスト国の中央値をみると、「移民は受入国の社会と一線を画することを望んでいる」とみているのは49％、「移民はホスト国の慣習に同化したい」とみているのは45％となっており、拮抗はしているものの、やや悲観的意見が多い。

だが、日本国民の回答はこの平均から驚くほど大きく外れている。大多数の日本国民（75％）は、移民が同化を望んでいる、という（エルドアンが聞いたら卒倒しそうな）考えを持っているからだ。

安定した社会を維持し、選ばれる国になるために必要なこと

国民、企業、政府に共通する自分本位と外国人への甘え。そのことは、現在、欧州に比べ、比較的問題が少ないようにみえる外国人との関係が、その急増への備えがないまま大幅に拡大することで、

図9－3　移民は同化に前向きか：各国国民の見方

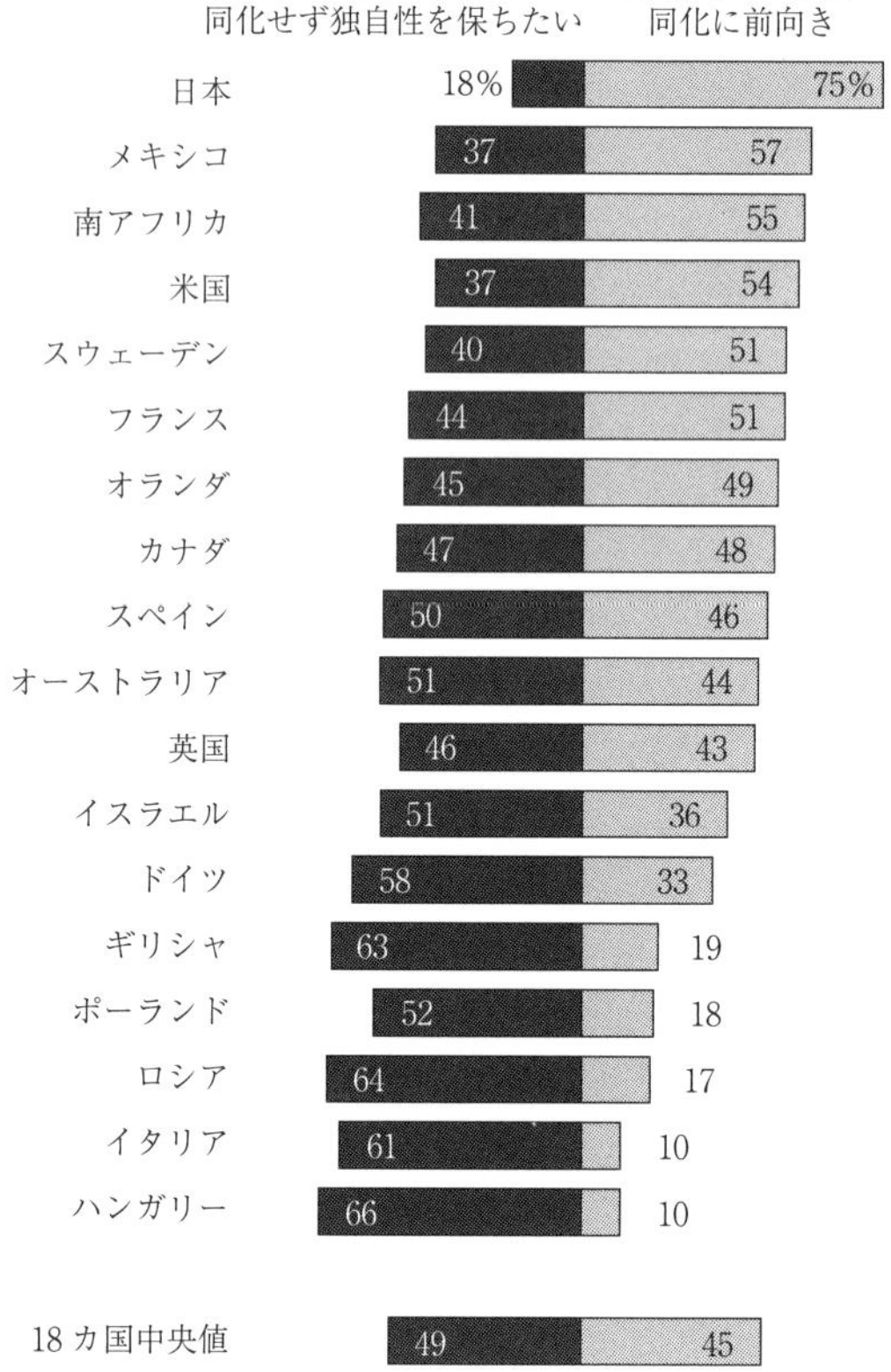

（出典）PEW RESEARCH CENTER　Spring 2018 Global Attitudes Survey. Q54c.

将来、強い社会的軋轢をもたらす可能性を示唆する。あくまでも自国のニーズを優先する一方で、社会に包摂していく努力が立ち遅れていることは、将来、社会を不安定化させるだけでなく、早い段階で「魅力に乏しく・選ばれない日本」に転落するリスクをも抱える。

　欧米先進国が高齢化し、アジアでも高齢化が進む中で、移民へのニーズは高く争奪戦は激化している。たとえば、移民介護人材に期待している先進国は数多い。

２０１９年４月12日の『日本経済新聞』電子版[17]は国立社会保障・人口問題研究所の小島克久のコメントとして、欧米先進国は在宅介護の担い手の外国人比率が軒並み二桁を超えていることを紹介している。

また、「もらえる給料がはるかに高いドイツに行きます」という一言でベトナムの女子大生に振られた横浜市福祉事業経営者会[18]の事務局長の紹介している事例やフィリピンの介護人材育成機関の日本人幹部の「日本に送り出そうと育てた人材が欧米に流れる傾向が強まっている」という指摘を紹介している。カナダのフィリピン人介護士の給与は日本と同程度だが、住居の提供など待遇が良く、数年後に永住権取得のチャンスも得られるという。

介護士への処遇がさらに改善されるとしても、介護財政との兼ね合いを考えると、欧米先進国を有意に上回る水準にまでなることはとうてい想定しがたい。少なくとも、移民が住みやすい、移民を包摂でき、移民とその子弟に十分な教育と未来への希望を与えられる社会を構築する必要がある。

社会の安定を保ちつつ、人口減少ペシミズムを緩和するには、ＡＩの効率的活用拡大も重要だが、それが低賃金労働者の固定化や拡大につながってはならない。移民の受け入れの拡大にあたっては、彼らを日本社会に包摂できる体制をしっかり整え、受け入れの拡大と見合う包摂体制を構築し、ないしは構築できる範囲内で受け入れをコントロールしていくことが、何にもまして重要な課題になるだろう。

【第9章注および参考文献】

（1） https://www.project-syndicate.org/commentary/automation-vs-job-creation-by-daron-acemoglu-2019-04

（2） GIビルそのものは、第二次世界大戦後、ヨーロッパやアジア・太平洋地域の戦線から復員、帰国した軍人に対する特別の援助立法（1944）の通称であり、援助、恩典の内容は教育・訓練の特典、〈GIローン〉、失業手当などさまざまな要素が含まれているが、大学への優先入学、授業料免除の制度が有名であり、これが第二次大戦後、米国における大学進学者の急増の一因となり、現在の高進学率につながった、とされている。

（3） むろんイノベーションと教育への投資のすべてをまかなうには、より高い税収が必要だが、アセモグルーは、やや高い税率と経済成長の組み合わせで、十分必要な増収分を埋め合わせることができた、とする。

（4） アセモグルーは、以上のような評価にあたって、むろん1950年代と1960年代が完璧であったことを主張するものではない、としている。米国では、アフリカ系アメリカ人と女性に対する差別が深く根付いており、教育機会は均等ではなかったことを認める。それでも、他の多くの点で、特に高賃金の雇用の可能性に関しては、当時の経済状況は現在よりも良好だった、というのである。

（5） 同日の『産経新聞』電子版の見出しは『安倍晋三首相「移民政策をとることは考えていない」衆院代表質問』というものであった。

（6） また、「大都市圏その他の特定地域に過度に集中して就労することとならないよう、必要な措置を講じるよう努める」ともされており、これも自国の都合で外国人の就労地域を制限する方向である。法務省入国管理局「新たな外国人材の受入れについて」２０１９年３月 https://www.meti.go.jp/press/2018/03/20190326006/20190326006-3.pdf

(7) 日本総合研究所が２０１９年1月から2月にかけて企業に対して行った「人手不足と外国人採用に関するアンケート調査」の結果をみると、約3割の企業はほぼ全年齢層において人手が不足し、事業の存続自体が危ぶまれる事態であるとし、入管法の改正による外国人の受け入れ拡大に多くが賛成している。なお、外国人労働者の賃金については、「日本人とほぼ同一水準」が77・１％と高く、多くの企業で日本人と外国人の間で賃金格差はないとしているものの、「最低賃金と同程度」とする企業も11・８％あり、企業規模が小さいほど、その割合は高い、という結果となっている。https://www.jri.co.jp/MediaLibrary/file/report/researchreport/pdf/11052.pdf

(8) 駒井洋（２０１８）「多文化共生政策の展開と課題」移民政策学会設立10周年記念論集刊行委員会編『移民政策のフロンティア』明石書店所収。なお、駒井洋・筑波大学名誉教授は、「包摂」は「排除（exclusion）」の反対概念としている。

(9) 「外国籍児の就学徹底　編入学年こだわらず　文科省通知へ（２０１９年３月18日）—エキサイトニュース」https://www.excite.co.jp/news/article/Mainichi_20190317k0000m040190000c/3/3

(10) 毎日新聞の記事では、文部科学省は、他にも、外国籍児の日本語能力などを考慮し、本来の学年よりも下の学年に編入する「下学年」での受け入れを再度、強く要請。義務教育年齢を過ぎた「学齢超過」の外国人も各教育委員会の判断により、公立中学などでの受け入れを盛り込むことが報じられている。

(11) たとえば、佐久間孝正・東京女子大学名誉教授が２０１５年段階での未就学者の状況を推計したものがある。これによると、義務教育対象の外国人の児童生徒は大体11万人いる。国公私立の外国人児童が7万人、外国人学校が1万７０００人。その中に日本人でアメリカン・スクールに通っている人も含まれている。この推計はラフなものだが、2万人程度が未就学と推測している。佐久間孝正（２０１８）「子供の教育」移民政策学会設立10周年記念論集刊行委員会編『移民政策のフロンティア』明石書店所収参照。

(12) 文部科学省「夜間中学の設置推進・充実について」http://www.mext.go.jp/a_menu/shotou/yakan/index.htm

(13) ２０１７年６月に文部科学省は「日本語指導が必要な児童生徒の受入状況等に関する調査（平成28年度）の結果について」を公表している。この調査は「日本語指導が必要な児童生徒」として「日本語で日常会話が十分にできない児童生徒」および「日常会話ができても、学年相当の学習言語が不足し、学習活動への参加に支障が生じており、日本語指導が必要な児童生徒」を対象とし、2年ごとに調査を実施されている。これによると、日本語指導が必要な外国籍の児童生徒のうち、日本語指導等特別な指導を受けている者は2016年5月1日現在で2万6410人（前回2014年調査では2万4197人）で、割合では76・9％（前回82・9％）と6・0ポイント減少した。学校種別では、高等学校で3・5ポイント増加したほかは、小学校で6・1ポイント、中学校で8・5ポイント、中等教育学校で11・7ポイント、特別支援学校で5・3ポイント減少した、としている。指導を受けている児童生徒は増加しているが、比率が急低下していることは、指導が必要な児童生徒の増加が早すぎ、体制整備が追いついていないことを示唆する。

(14) たとえば、独立法人・日本学生支援機構（JASSO）は、その活動の一環として、外国人留学生のための就活ガイド2020を公表している。これ自体は評価できる。しかし、その各国語版は英語、中国語簡体字、中国語繁体字、韓国語についてのみホームページ上部のリンクからダウンロード可能となっており、ベトナム語、ネパール語は含まれていない。こちらも現状では、留学生構成の急激な変化、とりわけベトナム人やネパール人留学生の急増に追いついていない。

(15) 「外国人犯罪に関する研究」でも「居住資格の者については、出所後も退去強制とならずわが国に残る場合も少なくなく、日本社会で暮らすことになるこれらの者にとって、日本語の日常会話や読み書きは、社会生活や就労等の各場面において必要となると思われ、その円滑な社会復帰に向けては、読み書きを含めた日本語能力を高める必要が示唆される」とされている。

(16) 日本についての調査は2018年5月24日から6月19日の間に電話で行われ（日本語）、成人（18歳以上）の1016人が回答した。

(17) 2019年4月12日『日本経済新聞』電子版「介護「外国人頼み」に3つの死角」。

(18) 介護施設に海外人材を紹介する公益社団法人。

あとがき

移民問題に最初に関心を持ったのは、今からちょうど三十年前の1989年のことである。この年の7月、筆者は日本銀行総務局（現在の企画局）調査役から、金融研究所の調査役に人事異動になった。その直後に、当時、金融研究所長だった三宅純一氏に所長室に呼ばれ、「自分は外国人労働者問題が重要だと考えている。分析できないか」というかたちで持ち出された研究テーマだった。

当時は、バブル経済の末期で人手不足が深刻化しており、外国人労働者受け入れ解禁論が声高に叫ばれていた。なるほど大事な問題ですね。勉強してみます。ということで検討をはじめた。そして海外の経験を知るにつれ、「人手不足だから」という理由だけで拙速に解禁できるような簡単な問題でないことを思い知らされた。同年12月に「外国人労働者問題について」というタイトルの短い論文を行内用にまとめ、三宅所長の了解を得て日銀内の関係部局に配布した。これをきっかけに、その後も、筆者のなかで外国人労働者ないし移民問題への関心がつねに持続していくことになった。

ながらく移民問題への関心の出発点となったこの資料を読み返すことはなかったが、今回、この「あとがき」を書くにあたって、約30年ぶりに当時の検討資料を探した。冒頭の記述は以下のようなものだった。

日本国内で不法就労する外国人はこの数年間激増の一途をたどっている。また、今年に入ってからは、中国からの偽装難民を含む難民問題が大きな社会問題として内外から関心を集めており、「ヒトの国際化」をどのように進めていくかは、わが国にとって極めて重大な政治経済的選択となっている。「モノの国際化」、「カネの国際化」が大きく進展した現在、この問題はわが国社会や文化の根本的な在り方にも直接かかわる度合いが前二者の問題に比べて格段に大きい。このため、国民の間で様々な視点から議論を尽くすことによってその進め方を決定すべきものである。また、議論を尽くすにあたっては、ありうべき選択の社会経済的帰結についての正確な理解を共通の基盤としたものが望ましいことは言うまでもない。

問題の糸口は現在と異なるものの、国民的な議論を尽くすべき問題、という点は現在も少しも変わっていないと思う。そしてエグゼブティブ・サマリーの結論部分では、当時、すでに知られていたドイツなど欧州の経験をふまえたたうえで、

…最後に、以上の議論の総括として、外国人労働者問題についての意思決定に当たっては、わが国の好況時の労働需給という短期的問題に目を奪われ過ぎるべきでないこと、そして、①発展途上国の経済的「離陸」にとって有効かつ効果的な途上国の援助のあり方はどのようなものか、②わが国

の社会が外国人をインテグレートしつつ発展するためにはどのように社会の仕組みを改造していく必要があり、どのようなコストがかかるか、といった点について検討を深めていく必要があることを主張する。

としている。今回、読み返してみて、30年前のこの主張がさほど的外れでなかったことに安堵したが、むろん筆者に先見の明があったわけではない。ドイツのゲストワーカー制度が大きな問題をはらみ、ドイツ社会に歪みをもたらしつつあることは、当時からすでに明らかだったからだ。

しかし、残念ながら、この時期以降も、日本において、国民の間で多様な視点から議論を尽くすことによってその進め方が決定されることも、わが国の社会が外国人をインテグレートしつつ発展するためにはどのように社会の仕組みを改造していく必要があり、どのようなコストがかかるか、といった点についての検討が深められることもなかった。

その大きな理由のひとつは、いうまでもなくバブルの崩壊であった。この資料を取りまとめた1989年12月は、バブルのピークとして知られている。1986年に入ってから上昇テンポを速めていた日経平均株価は89年12月29日（金）の大納会には、3万8915円という空前の水準に到達した。そして、このあと、急速な下落に転じた株価はバブル崩壊を先導し、92年8月にはピークの三分の一強の1万4309円にまで下落した。株価には遅行したものの地価のバブルも崩壊し、日本経済は泥沼のようなバブル崩壊過程に転落していく。そうした中で、バブル期の全般的な人手不足や特定業種

における ボトルネックの発生による外国人労働者への門戸全面開放論は、雲散霧消した。

近年、外国人労働者・移民問題への関心が再び大きく高まったのは、出生率の低下のもとで生産年齢人口が減少、有効求人倍率がバブル期に接近し、これを超えていったからにほかならない。いつのまにかコンビニのレジは外国人の若者が主な担い手になった。バブル期同様に全般的な人手不足や特定業種におけるボトルネックの発生が問題視され、政府は外国人労働者受け入れ政策を抜本的に転換して、2018年12月8日に在留資格「特定技能1号」「特定技能2号」の創設、出入国在留管理庁の設置等を内容とする「出入国管理及び難民認定法及び法務省設置法の一部を改正する法律」を成立させ、この法律は同月14日に公布された。

しかし、この問題について国会で議論が尽くされることはなく、人手不足のなかで法案の早期成立が最優先された。わが国社会や文化の根本的な在り方にも直接かかわる難しい問題だけに、国民の間でさまざまな視点から議論を尽くそうとすればするほど議論が膠着し、立ち往生することを政府は恐れたのでないか、と思える。

それでも、わが国の社会が外国人をインテグレートしつつ発展するためにはどのように社会の仕組みを改造していく必要があり、どのようなコストがかかるか、といった点についてはこれからでも全力で検討を深めていく必要があることは間違いない。

そのためには、現状とその選択の社会経済的帰結について可能な限りの正確な理解を共通の基盤とすることは、やはり不可欠だと思う。本書は、そのような問題意識のもとで、執筆をはじめた。

むろん、バブル崩壊期と現在では、状況に大きなちがいがある。第一には、出生率の低下による人口減少の顕在化であり、第二は、ＡＩなどの技術革新が労働市場に大きな影響を与えはじめていることだ。

人口動態については、移民問題との関連で関心を持ち続けていたが、ＡＩが経済や社会に与える影響については、実のところ、これまであまり深く考えたことはなかった。

少年時代には、ＡＩはいずれかぎりなく人間に近づくのだろう、と漠然と考えていた。筆者が少年だった１９６０年当時、週刊漫画のなかでは、手塚治虫の「鉄腕アトム」をはじめ、超小型電子頭脳を持ったロボットが大活躍していた。また、兄が愛読していた『ＳＦマガジン』を借りて読むと、その中では人工頭脳を持ったアンドロイドが登場する、眩しい、あるいは荒涼とした未来世界が描かれていた。いま読み返してみても、その洞察力に感心させられるものもある。

そうした作品のなかで、たとえば、星新一のショートショートの名作「ボッコちゃん」(1)に登場する、バーの美人ホステス・ロボット（ボッコちゃん）はお客を相手に話をし、酒を飲む。ボッコちゃんとお客の会話は、以下のように展開する。

「お客の中で、誰がすきだい」

「誰が好きかしら」
「ぼくをすきかい」
「あなたが好きだわ」
「こんど映画へでも行こう」
「映画へでも行きましょうか」
「いつにしよう」

答えられないときには信号が伝わって、ボッコちゃんを作ったマスターが飛んでくる。「お客さん、あんまりからかっちゃあ、いけませんよう」といえば、たいていつじつまが合って、お客はにが笑いして話をやめる

と星新一は書いた。

同じ時期に書かれた筒井康隆の作品に「お紺昇天」がある。これは、部品の不具合を起こし廃車になる会話機能付き自動運転小型車（コバルトブルーなので「お紺」と呼ばれている）と所有者（「お紺」にはターターと呼ばれている）の別れを描いた作品だ。その中で、「お紺」と「ターター」は部品の不具合の原因について以下のような会話を交わす。(2)

「君がたった4年で具合が悪くなった。その原因は、あの時以外には考えられないし、その責任は僕以外に考えられない…」

「ターター、ご自分を苦しめるのはおよしなさい。今となっては、もう、どうでもよいことじゃないの」

私は顔を両手で覆った。「お紺、許してくれるか」

「ばかねえ、ターター」

「ひとこと言ってくれ。許すといってくれ。頼む」

「そんなこと言えないわ。わたしがあなたをゆるすんですって？　言えないわ！」

フロントガラスがお紺の涙で曇り始めた。


どこまでも優しい女性像を思わせる「お紺」と「ターター」との会話は、ボッコちゃんとお客の会話より数段高度である。

これらの文章が書かれて50年ほどの間に、飛躍的な技術進歩が起きた。

ＡＩの急速な進化で、自動運転車が実用段階に到達し、人間と会話をするコンピュータ・システムも急速に機能を向上させている。ＡＩスピーカーは、音声を認識し、優しく返事をし、話しかけるだけで、アラームをセットしたり家電を操作したり、音楽を検索したりしてくれる。自動運転車に装備すれば、もう少しで「お紺」のようになるようにもみえる。

しかし、本論にも関係するが、現在の対話システムは、人間同士の会話についてビッグデータを蓄積し、なるべくそれを再現するようにつくられているにすぎない。同じような場面で同じようなセリフが言えるように作られているはずだが、対話システムの研究者によれば、日常会話を目的とした対話システムについていえば40％程度の発言はおかしい（不自然である）、それは、大量の対話データを参照し、誰かの発言を再現しようとしたものの、それが実際の対話状況や文脈に即さないためである、という(3)。

現在の対話システムは、どうやら、（より不完全な）「ボッコちゃん」に近い。いつかは「お紺」にたどり着くことがあるとしても、それはまだはるか先のようだ。

それでも、ＡＩは、いろいろなかたちで人間の生活を変え、労働者の働き方を変えていく。少年時代になにを考えたかは覚えていないが、ＡＩを労働者にとって「生き甲斐」のある社会に変える力にするには何が必要か、というようなことはまったく考えていなかっただろう。本書を書いているうちに、ＡＩについての関心は最終的にはその方向に収斂していった。

以上のように、筆者の自分史の中でもＡＩ、移民への問題意識、かかわり方は、まったく異質のものだった。その両方をとりあげ、狭義の経済的な影響だけでなく、社会に与える長期的な影響を踏まえた分析を行ってみる、ということは、いろいろな点で、本来、筆者個人の能力・専門性をはるかに超えている。

このため、本書の構想を考えていた当初は、異分野の専門家を集めて編著にすることが必要ではないのか、とも考え、各分野の専門家へのインタビューを旧知の編集者に打診したりもした。しかし、問題の広がりを考えると、この方式では議論は発散する。移民にせよ、AI活用にせよ、論点や課題は専門家の数だけ広がるだろう。そうであるなら個人の能力・専門性の限界に直面するにしても、むしろ、ひとりの人間が全体について調べ・考えたことに沿って書き下ろしたほうが、人口問題との兼ね合いを意識した絞った論点が提示できるはずだと考えるに至った。そこで、まず筆者の関心に沿った章立てで8割がた書き上げたところで慶應義塾大学出版会の増山修氏に出版を打診した。

最初はごくおっとり構えていた増山氏だったが、ある時点からトップギアで編集作業にかかってくださった。心から感謝したい。

また、本書の中のいくつかの章については、経済倶楽部、航空自衛隊航空研究センター、交詢社、東京財団政策研究所、日本経済調査協議会・資本主義委員会、日本コーポレート・ガバナンス・ネットワーク等の場で発表する機会をいただき、そこで頂戴したご質問やコメントは、大変参考になった。それぞれの場で筆者の発表を聴き、懇切なコメントをくださった方々に、心からお礼を申し上げたい。

以上の謝辞は、定型的ではあるが、実際、多くのコメントが本書の執筆方針にも大きな影響を与えていることは間違いない。たとえば、東京財団政策研究所で外国人労働者問題についてごく短い話をしたあとの懇談の場で、ある方から、外国人労働者問題はAI問題と総合的に論じるべき、と言われた。そうしたことがなければ、本書は移民問題だけの本になったはずだ。

また、日本経済調査協議会・資本主義委員会では、あるメンバーから「あなたが移民を大幅に増やしたいのか、抑制したいと考えているのか、今日の発表からはわからない」というコメントをいただいた。どちらかの主張につなげて書くべきなのか、を考えたことは、自分にとっては有用な思考実験だった。

たぶん、そうしたほうが、より明快な本になったかもしれない。しかし、結局、筆者は、どちらがよい、という明快な結論に誘導する書き方は避けた。いずれにせよ、現時点では、すでに政府が、移民を大幅に増やす方向に入国管理政策を転換している。そうなった以上は、本来はどちらがよいのか、という問題よりも、社会的な安定性を維持するために必要な受け入れ準備体制を確認して早急に手当てすることが重要になる。そして、手当ができる範囲内で受け入れる、ということが必要だ。ただし、それによって出される上限の数は業界の「人手不足」を足し上げたものとは大きく異なり得る、というのが現時点での総括である。

もう一つの定型的な締めくくりの言葉は、「あり得べき誤りは筆者個人に属する」というものである。本書の場合、自分の専門領域から大きく越境してさまざまな問題を取り上げている。当然に誤りは、あるだろう、とやや恐れている。しかし、専門家からのご指摘をいただき、そのことを通じて議論が活性化し、ＡＩ・移民問題についての理解が深まる一助になれば、と期待してもいる。

２０１９年6月

翁　邦雄

（１）星新一「ボッコちゃん」『ボッコちゃん』新潮文庫、１９７1年5月所収。

（２）初出は１９６５年ＳＦマガジン。現在は、筒井康隆『東海道戦争』中公文庫、１９７８年所収。

（３）松崎拓也・東中竜一郎「ＡＩは「人を真似る」のか」『ＵＰ』２０１９年5月号。

【著者略歴】

翁　邦雄（おきな・くにお）
1951 年生まれ。74 年、東京大学経済学部卒業、日本銀行入行。83 年、シカゴ大学で Ph.D. 取得。以後、筑波大学社会工学系助教授、日本銀行調査統計局企画調査課長、企画局参事、金融研究所長等を経て 2006 年、中央大学研究開発機構教授に就任。
09 年京都大学公共政策大学院教授。17 年より法政大学大学院政策創造研究科客員教授、京都大学公共政策大学院名誉フェロー。
主著
『期待と投機の経済分析』東洋経済新報社、1985 年、日経・経済図書文化賞受賞
『金融政策』東洋経済新報社、1993 年
『ポスト・マネタリズムの金融政策』日本経済新聞出版社、2011 年
『経済の大転換と日本銀行』岩波書店、2015 年、石橋湛山賞受賞
『金利と経済』ダイヤモンド社、2017 年　　など

移民と AI は日本を変えるか

2019年 7 月20日　初版第 1 刷発行

著　者――――翁邦雄
発行者――――依田俊之
発行所――――慶應義塾大学出版会株式会社
〒108-8346　東京都港区三田2-19-30
TEL〔編集部〕03-3451-0931
〔営業部〕03-3451-3584〈ご注文〉
〔　〃　〕03-3451-6926
FAX〔営業部〕03-3451-3122
振替　00190-8-155497
http://www.keio-up.co.jp/
装　丁――――坂田政則
組　版――――株式会社キャップス
印刷・製本――中央精版印刷株式会社
カバー印刷――株式会社太平印刷社

Printed in Japan　ISBN978-4-7664-2611-3